Im Dienste der Krone

Im Dienste der Krone

Anekdoten und Geschichten

erzählt von Mitarbeitern der „Kronen Zeitung"

Bibliografische Information der Deutschen Bibliothek
Die Deutsche Bibliothek verzeichnet diese Publikation in der Deutschen Nationalbibliografie; detaillierte bibliografische Daten sind im Internet über http://dnb.ddb.de abrufbar.

Umschlagfoto: Peter Lehner
Umschlaggestaltung: buchgestaltung.at
Grafische Gestaltung, Satz: buchgestaltung.at
Gesamtherstellung: CPI Moravia Books GmbH

ISBN-10: 3-85030-050-1
ISBN-13: 978-3-85030-050-6

Inhaltsverzeichnis

Vorwort

Bei einer so großen Tageszeitung wie der „Krone“, täglich über drei Millionen Leser im Durchschnitt und das bei einem Land mit acht Millionen Einwohnern, das ist ziemlich sicher Weltrekord – da gibt es täglich auch Spannungen. Eine solche Zeitung entsteht nicht ohne Stress. Zum Lachen kommt man da wenig. Noch dazu schwelt seit Jahren ein Konflikt zwischen den Eigentümern, der auch nicht zum Lachen reizt.

Und dennoch, bei uns wird auch gelacht. So haben wir (für unsere Freunde) dieses Anekdoten-Buch herausgebracht, von dem ich mir wünschen würde und hoffe, dass es auch für jene amüsant ist, die diese Begebenheiten im Laufe von Jahrzehnten erlebt haben.

Bei Martin Luther (1483-1546) findet sich in seiner Spruchsammlung Folgendes: „Kützel dich nicht selbst, sonst lachst du dich zu tot.“ Bei der Lektüre dieses Anekdoten-Buches der „Krone“ sollen Sie sich keineswegs selbst „kützeln“. Wenn Sie, liebe Leser, den einen oder anderen Beitrag amüsant finden, freue ich mich. Dazu passt besser der Spruch „Lachen ist gesund“, was zurückgehen soll auf das „Lachen ist der Leber gesund“; die Leber wurde in früheren Zeiten als Sitz der Gefühle und Stimmungen angesehen. Wie dem auch sei, das Büchlein möge Ihnen Freude bereiten!

Hans Dichand
Herausgeber der „Kronen Zeitung“

Vorwort

Viel ist geschehen, seit ich die Chefredaktion vor nunmehr vier Jahren angetreten habe. Damals gab es Intrigenspiele und ein großer Medienwirbel wurde inszeniert, wobei interessanterweise der schärfste Wind von einer uns verbundenen Seite blies. In der Ironie dieser Ereignisse wurden natürlich auch viele Geschichten produziert, die im Nachhinein zum Schmunzeln anregen und auch Bücher füllen könnten. Unsere Archive sind jedenfalls randvoll, für Fortsetzungen des hier vorliegenden Buches kann gesorgt werden.

Die „Krone“-Familie ist durch die zurückliegenden Ereignisse noch enger zusammengerückt, die Zeitung hat sich sehr gut weiterentwickelt. Dabei hat es auch eine Rolle gespielt, dass für die Redaktion die „Krone“ immer mehr war als ein Anzeigenraum produzierendes Medium, denn immer ist sie auch, wie schon der Gründer der alten „Kronen Zeitung“ Gustav Davis zu berichten wusste, mit dem Herzblut ihrer Mitarbeiter geschrieben.

Marianne Waldhauser bringt in Form einer Anekdotensammlung einen interessanten, humorvollen Einblick in diese erfolgreiche Redaktion, die bei praktisch allen großen Ereignissen und Strömungen des Landes von Anfang an dabei war, der man sogar nachsagt, sie habe diese oft erst ausgelöst. Vielleicht hängt es auch damit zusammen, dass ihr laut Umfragen die größte Glaubhaftigkeit aller österreichischen Printmedien attestiert wird, getreu unserem Werbeslogan: „Glauben Sie es erst, wenn es in der ‚Krone‘ steht!“

Dr. Christoph Dichand
Chefredakteur der „Kronen Zeitung“

Hans Dichand

Als ich Kreiskys „Kieberer“ war ...

Den Hang zum Schuldenmachen haben alle Regierungen, doch unter Kreisky wurde das lockere Ausgeben von Milliarden, die man nicht hatte, für Dinge, die man nicht brauchte, fast zum Prinzip erhoben. Als ich wieder einmal in einem der tiefen Lehnstühle seines Hauses in der Armbrustergasse fast versank und mich ein riesiger Boxer beschnupperte, kritisierte ich dem Bundeskanzler gegenüber diese so bewusst betriebene mangelnde Sparsamkeit des Staates. Denn eine solche Politik müsse in eine Pleite führen. Da richtete er sich auf, obwohl er ohnehin höher saß als ich, streckte fast zornig den Zeigefinger wie einen Revolver gegen mich und sagte: „Dann sind Sie aber auch hin!“

So persönlich konnte er manchmal werden, er, der sonst doch immer ein Herr war. Eine schlechte Eigenschaft, von der ich glaube, dass sie in uns Österreichern besonders ausgeprägt ist, nämlich der Neid, kam manchmal bei ihm auf eher kuriose Weise zum Vorschein. So stellte er mir einmal eine Frage, die er offensichtlich schon lange einmal stellen wollte: „Sagen Sie, was verdient eigentlich so der ‚Staberl‘ bei Ihnen?“ Ich antwortete, dass ein innerer Kreis von Redakteuren bei uns eine Gewinnbeteiligung habe, sodass Staberl auf diese Weise schon auf einige Millionen im Jahr kommen könne. Da sprang Kreisky auf und rief nur ein Wort, aber das zweimal und sehr laut: „Unerhört! Unerhört!“

Das war typisch für ihn. Er führte einen großen Haushalt und kam mit seinen Bezügen als Bundeskanzler, die er selbst aus taktischen Gründen niedrig hielt, nie so recht aus.

Bei Kreisky eingeladen zu sein hieß, formvollendet zu Mittag zu essen. Stumm setzte sich seine Frau dazu, von ihm stets mit größter Aufmerksamkeit behandelt. Meist gab es erstklassiges Rindfleisch mit gerösteten Erdäpfeln. Nie fehlten Essiggurken; nicht die kleinen, wie sie bei uns üblich sind, sondern große, eher weiche Znaimer Essiggurken. Als ich noch ein Kind war, bekam man sie auf dem Grazer Fetzenmarkt. Sie kosteten zehn Groschen. Die Verkäufer holten sie mit einem hölzernen Zwicker aus dem Fass. Diese Qualitätsgurken sah ich also bei Kreisky wieder. Er stammt ja aus der Znaimer Gegend, und als er später nach Schweden emigrieren musste, bemerkte er, dass es dort diese Art von Essiggurken nicht gab. So führte er sie ein und machte ein Geschäft daraus, das auch mäßigen Gewinn abwarf.

Nach dem Essen verabschiedete sich die Gattin, ohne ein Wort gesagt zu haben. Man setzte sich in den Salon zum Kaffee. „Wie geht's denn?" So begann er. Wenn man jetzt meinte, mit einer Antwort am Zug zu sein, so war das eine Täuschung. Er legte sofort los, kritisierte die „Krone" höflich, aber bestimmt. Über Zeitungen und Journalisten redete er gerne. Er tat so, als wüsste er bestens über alle Interna Bescheid. Bei seinen Ratschlägen, welche Schreiber ich mir holen sollte, bemerkte ich aber, dass er sich doch nicht so genau auskannte.

Kreisky legte großen Wert auf Kleidung, auf dezente, elegante Ausstattung, bis in alle Details. Einmal, mitten im Gespräch, zeigte er auf meine Socken und sagte mit Kennermiene: „Die sind vom Strolz in Lech!“

Kurt Vorhofer von der „Kleinen Zeitung“ in Graz hat einmal über ein Gespräch mit dem Bundeskanzler Folgendes erzählt: „Ich hab Bruno Kreisky geliebt, hab aber seine Politik abgelehnt – den Großteil seiner Politik. Zu seinem Geburtstag – es war im Jänner 1989 – durfte ich drei Stunden bei ihm sein. Er hat überhaupt kein Telefon abgehoben. Er war schon sehr gebrechlich, aber geistig frisch und wirkte wunderbar ausgeglichen. Aber vorher gab es Situationen, wo ich als Journalist wusste, wenn ich jetzt bei einer Fernsehdiskussion noch ein Wort sage, noch einen Satz, auch wenn er richtig wäre, dann riskiere ich, dass er sagt: ‚Ich warne die Bevölkerung vor Journalisten in der Art des Herrn Vorhofer.‘“

Auch ich mochte Kreisky wirklich gerne, doch den Eindruck Vorhofers kann ich nur bestätigen. Hier der Bericht über eine Rede Kreiskys vor braven Parteisoldaten: „Da ist Hans Dichand, der wird jetzt übermütig, der will jetzt auch die Politik bestimmen. Ich warne euch, wenn das so weitergeht, dann wird in dem Land ein Mann bestimmen, wer die stärkste Partei wird. Noch sind die meisten seiner Leser unsere Wähler. Die Frage ist: Wie lange werden wir sie noch haben?

Da ist zum Zweiten ein stadtbekannter Generaldirektor mit im Spiel. Der Milliardär braucht ja auch eine Bank, die sein Geld verwaltet, da spielt eine Hand in die andere.

Und der Dritte im Bunde: Der Chef des Rundfunks will sich auch nicht schlecht mit ihm stellen. Das ist es, was mir Sorgen macht, dass es Machtgruppen gibt, die bestimmen wollen, was geschieht, da muss man sehr vorsichtig sein."

Etwa zur gleichen Zeit hatte Kreisky mit Hans Janitschek ein Interview über mich. Das hörte sich völlig anders an: „Wenn man mich fragt, was ich von Hans Dichand halte, fällt mir die Antwort nicht schwer. Er ist ein großer Zeitungsmacher, vielleicht der größte der Nachkriegszeit. Da er selbst aus bescheidenen Verhältnissen stammt, versteht er auch, was es heißt, mittellos zu sein. So mancher sozialistische Journalist, von großen Idealen getrieben, übersieht oft, was die Menschen draußen wirklich bewegt.

Ich war mit Dichand oft verschiedener Meinung und habe ihm das auch offen gesagt. Er war mir gegenüber immer zuvorkommend und begegnete mir mit Respekt. Er hat halt gespürt, dass ich auch etwas vom Journalismus verstehe. Er wäre sicherlich ein guter Politiker geworden, aber da hat er immer nur vom ‚Vorhof der Macht' gesprochen, den er für sich in Anspruch nimmt.

Der wirtschaftliche Erfolg der ‚Kronen Zeitung' ist phänomenal. Ich glaube, das hat er selbst nicht erwartet. Mit dem vielen Geld wusste er eigentlich nichts anzufangen und ist deshalb zum Kunstsammler geworden, dabei hat er auch viel Geschick und Instinkt bewiesen. Er ist mir eigentlich sehr sympathisch, wenn er auch in seiner Zeitung Leute hat schreiben lassen, die uns nicht gut gesinnt waren. Auf der anderen Seite waren auch einige meiner Freunde auf ihn schlecht zu sprechen, wegen der Olah-Affäre. Aber da ist er halt zu seinem Förderer gestanden. Das gibt er offen zu.

Mich hat das Zeitungshandwerk immer fasziniert. Eigentlich wollte ich immer schreiben und in meiner Jugend habe ich auch als Journalist gearbeitet. Journalisten haben eine große Verantwortung in der Demokratie.

Hans Dichand hat drei Zeitungen in Österreich groß gemacht – die ‚Kleine' in Graz und den ‚Kurier' und die ‚Krone' in Wien. Das macht ihm so leicht keiner nach."
Soweit also Bruno Kreisky …

Manchmal lud mich Kreisky zu einem Sonntagsspaziergang auf den Kahlenberg ein. Ausflügler kamen uns entgegen, grüßten ihn freundlich. Er war – alles in allem – ein Bundeskanzler von besonderem Format und großer Popularität. Und er fühlte sich hier unter den Wienern so gut aufgehoben, so sicher, dass er keine Bewacher wollte. Einmal hörte ich, wie ein Spaziergänger zu seinen Begleitern hinter uns sagte: „Schaut's der Kreisky und sein Kieberer." Da freute ich mich und ich war auch ein wenig stolz, an seiner Seite zu gehen und sogar für seinen Beschützer gehalten zu werden.

Innenpolitik ♕ Außenpolitik

Gertrude Aubauer

Das goldene Wiener Herz

Das viel zitierte „goldene Wiener Herz“, das gibt es wirklich. Hier ein faszinierender Beweis:

Wien-Besuch von US-Präsident George W. Bush im Juni 2006. Die Verkehrsbehinderungen gestalteten sich harmloser, als ich erwartet hatte. Daher traf ich viel zu früh auf der Ringstraße ein. Das Parlament schon in Sichtweite studierte ich entspannt die „Kronen Zeitung“. Plötzlich sperrten eifrige Polizisten vor meiner Nase die Ringstraße ab: Ein verdächtiges Paket, darin könnte eine Bombe sein, hieß es. Niemand dürfe die heikle Stelle passieren.

Schlagartig hatte ich ein Riesenproblem. Zu Fuß marschieren war nicht mehr möglich. Wo blieb die Straßenbahn? Doch auch sie musste anhalten. Die U-Bahn ebenso. Ein freundlicher Polizist gab mir den Rat, mich doch über die Mariahilfer Straße an die Rückseite des Parlaments heranzuarbeiten. Ein riesiger Umweg! So bepackt wie ich war, mit drei Aktentaschen und einem Computer, schien es mir unmöglich, rechtzeitig ins Parlament zu kommen. Just an diesem Tag sollte ich pünktlich um 9 Uhr eine wichtige internationale Konferenz eröffnen.

Schon spürte ich Schweißperlen auf der Stirn. Der nächste Gedanke: Wo gibt es ein Fahrrad? Es war keines zu finden. Ich geriet in Panik! Endlich erspähte ich einen Mann auf einem Tretroller. – Meine große Chance. Ich schilderte dem auserkorenen Retter die Notlage so verzweifelt, dass er wohl den drohenden Weltuntergang fühlen musste. In Kürze drückte er mir sein praktisches City-Gefährt in die Hand und ich konnte beflügelt losfahren.

Der Portier im Parlament staunte nicht schlecht, als die Tagungs-Moderatorin mit einem Tretroller andüste. Verschwitzt, aber pünktlich stand ich im Sitzungssaal. Doch der Beginn der Konferenz verzögerte sich: Einige Teilnehmer waren irgendwo im Verkehr aufgehalten worden.

Übrigens, mein freundlicher Retter holte sich seine Leihgabe (samt kleiner Aufmerksamkeit als Dankeschön) bald darauf vom Portier im Parlament ab. Bedauerlicherweise habe ich den Herrn mit dem goldenen Wiener Herzen nicht näher kennen gelernt.

Mode-Geflüster

Im Fernsehen trug ich einmal einen höchst schicken, aber leider sehr engen Lederrock. Im Studio Platz nehmen, gelang noch problemlos. Doch entspannt durchatmen, das war ein Ding der Unmöglichkeit.

Schnell entschlossen öffnete ich den Reißverschluss. Wie üblich konzentrierte ich mich auf Inhalte und Texte, auf Rotlicht und Regieanweisungen. Mein kleines Problem hatte ich bald vergessen. Nach Ende der Sendung sprang ich dynamisch auf, doch siehe da – der Rock hatte die Bewegung nicht mitgemacht. Ich stand „unten ohne" da. Das Tagesgespräch unter den Kollegen. Zum Glück war den Fernsehzuschauern diese neue Mode erspart geblieben.

Ein wortreiches Missgeschick

Ein Freiheitlicher hatte einmal im Parlament besonderes Pech. Was ist ihm passiert? Der Abgeordnete trat ans Rednerpult und begann engagiert zu reden. Nach mehreren Minuten versuchten ihn einige Kollegen mit den Worten zu stoppen: „Falsche Rede!" Enttäuscht zog sich der Mandatar wieder auf seinen Platz zurück. Der Arme hatte für diesen Sitzungstag zwei Reden zu unterschiedlichen Themen vorbereitet, in der Eile dann aber das falsche Manuskript erwischt.

Als der Politiker einen Bericht darüber in der Abendausgabe der „Kronen Zeitung" entdeckte, fuhr er eilends in seine kleine Heimatgemeinde und kaufte alle Exemplare der „Krone“ auf. Seine Mitbürger sollten nichts von seinem Missgeschick erfahren.

Die Hohe-Haus-Maus

Immer wieder vermuten Politiker auch kleine Plagegeister im Parlament. Die Grüne Madeleine Petrovic beobachtete schon in den 90er Jahren angeknabberte Schokoladestücke im grünen Klub. Seither sollen Mäuse auch in anderen Büros gesichtet worden sein. Im vergangenen Winter haben sie sich sogar in den großen ÖVP-Klub hineingewagt.
Angeknabberte Schokolade, zerfressene Gummiringerln, kleine Papierschnitzel statt Akten. ÖVP-Wissenschaftssprecherin Gertrude Brinek entdeckte die Spuren der Eindringlinge. Kein Zweifel, es hatte sich nicht nur eine einzelne „Hohe-Haus-Maus“, sondern eine ganze Mäusefraktion ins schwarze Zentrum hineingenagt. Die Politiker nahmen es mit Humor. Mausefallen sind im honorigen Klub jedenfalls nicht zu sehen. Also werden die kleinen Nager wohl Kirtag feiern, bis die angekündigte „Dienstkatze“ – ein Projekt von Nationalratspräsident Andreas Khol – im Parlament eintrifft.

Karikaturen statt Taferln

Bunte Leiberln, Spruchbänder und Schautafeln sind wir gewöhnt im Nationalrat. Doch im April 2005 hatten die Taferln einmal Pause. Um bei einer Sondersitzung Aufmerksamkeit zu erregen, entdeckte die ÖVP ein neues Stilmittel: die Karikatur!

Zu parlamentarischen Ehren gelangte eine Illustration aus der „Krone bunt". Darauf nahm Karikaturist Bruno Haberzettl den SPÖ-Chef aufs Korn. Zu sehen: „Dr. Alfred Freudlos", der den österreichischen Staatsadler „krankjammert".

Kein Wunder, dass um diese „Krone"-Karikatur im ÖVP-Klub ein echtes G'riss war. Alle im Klub wollten sie haben, so ÖVP-Generalsekretär Reinhold Lopatka. Und als die Opposition dann im Plenum die Regierungspolitik kritisierte, konterten viele Schwarze mit der Karikatur in der Hand. – Großes Schmunzeln auf der Regierungsbank, verärgerte Blicke aus den SPÖ-Reihen. Alfred Gusenbauer selbst nahm's mit Humor: „Nur wer politische Bedeutung hat, wird karikiert", so Gusenbauer. Und wer weiß, vielleicht trifft die spitze Feder des Karikaturisten ja bald wieder einen Regierungspolitiker.

Dieter Kindermann

Ein korrekter Handkuss

Einen Handkuss in Ehren kann niemand verwehren. Noch dazu, wenn er von einem Parteifreund wie Wolfgang Schüssel kommt. Die deutsche Kanzler-Kandidatin Angela Merkel zeigte sich hoch erfreut. Bei einer Wahlveranstaltung im September 2005 auf einem Stuttgarter Marktplatz. Aber war Schüssels galante Geste korrekt, formvollendet? „Einwandfrei", urteilte Knigge-Experte Thomas Schäfer-Elmayer, „Merkel hebt die Hand. Herr Schüssel hält den Mund einen Millimeter über der Hand." Einziger Kritikpunkt laut Elmayer: „Ein Handkuss unter freiem Himmel ist nicht üblich." Apropos: Wolfgang Schüssel hatte die Tanzschule Elmayer besucht.

Wie Gaddafi Benya zur Verzweiflung brachte

Der libysche Revolutionsführer Gaddafi besuchte am 11. März 1982 das Parlament in Wien. Er kam im kaffeebraunen Mao-Look, bleckte seine strahlend weißen Zähne und stieß grölendes Lachen aus. Ein Albtraum für Nationalratspräsident Anton Benya, der seinem Gast die Sozialpartnerschaft made in Austria zu erklären versuchte.

Gaddafi schlug leger seine Beine übereinander, starrte auf die prächtigen Wandteppiche und gähnte herzzerreißend. Plötzlich sprang er auf, zückte sein grünes Buch, die Gaddafi-Bibel, und schrie: „Wir haben das längst in Libyen." Und nach einem schrillen Lachen fügte er hinzu: „Bei uns sind Lohnempfänger Wirtschaftstreibende. Es gibt keine Streiks. Dieses Modell exportieren wir jetzt in alle Welt."

Kurt Seinitz

Kaiser von rechts! – Oder: Was lieber nicht in der Zeitung stehen sollte

30 Jahre als Journalist hinter den Kulissen der Weltpolitik

Der glamouröse österreichische Society-Star und Salonlöwe Curd Jürgens hatte sich am Sterbebett von seinem besten Freund und Chronisten mit den Worten verabschiedet: „Ich danke dir für alles, was du nicht geschrieben hast." War dieser österreichische Kollege ein schlechter Journalist, weil er nicht alles geschrieben hatte?

Jahre später hatte ein Kollege einen Bundespräsidenten fast um das Amt gebracht, als er ein vertrauliches Gespräch als Exklusiv-Sensation hinausposaunte. Der Kollege verteidigte sich mit dem Argument, es sei geradezu die Pflicht eines guten Journalisten, alles, aber auch wirklich alles, zu veröffentlichen. Der deutsche Bundeskanzler Helmut Schmidt nannte solche Journalisten „Indiscretins".

Mir hatte der „Journalistenkanzler" Bruno Kreisky auf die Frage, wie mit seinen vielen Hintergrundgesprächen umzugehen sei, die Antwort als beruflichen Leitfaden gegeben: „Junger Freund, schreibens 80 Prozent und heben Sie sich 20 Prozent für spätere Zeiten auf."

Also beginnen wir mit den frühesten Erinnerungen: China. Und übrigens: Jener Satiriker hat völlig Recht, der einst schrieb: „Die hohe Politik ist genau so, wie sie sich der kleine Maxi vorstellt."

Empfang bei dem legendären chinesischen Ministerpräsidenten und Mao-Gefährten Zhou Enlai um Mitternacht („Ich leide an Schlaflosigkeit“). Als die Dolmetscherin den Namen „Kronen Zeitung“ übersetzt, hakt Zhou Enlai ein: „Sie vertreten also die Wiedererrichtung der Monarchie in Österreich?“ Ich wusste nicht, ob ich dementieren sollte, und fand die Antwort: „Wir sind zwar eine Republik, schätzen aber unsere Kaiser.“ Worauf Zhou Enlai freudig erwiderte: „Da sind die Österreicher ja ganz so wie die Chinesen: Auch wir sind eine Republik, schätzen aber unsere Kaiser.“

Das Eis war gebrochen und Zhou Enlai setzte fort: „Sie kommen also aus Wien? Diese schöne Stadt kenne ich. Das ist die Stadt mit der Kettenbrücke.“ Ich korrigierte: „Das ist Budapest.“ Zhou Enlai: „Ja, richtig. Wien ist die Stadt mit dem Springbrunnen im See.“ Ich korrigierte: „Das ist Genf.“ Zhou Enlai: „Hab' ich mich schon wieder geirrt. Aber jetzt weiß ich es: Wien ist die Stadt mit der Burg am Berg.“ Das dritte Mal wagte ich den Regierungschef Chinas nicht mehr zu korrigieren.

Selbstverständlich war Zhou Enlai über Österreich bis ins Detail informiert, übertroffen nur von den Spezialisten des chinesischen Außenministeriums. Am Ende eines Abendessen, das der Vizeaußenminister in einem stattlichen Gebäude alteuropäischen Baustils für österreichische Gäste gab, also erst beim Hinausgehen, ließ er wie beiläufig die Bemerkung fallen: „Das war übrigens das Gebäude der österreichisch-ungarischen Gesandtschaft gewesen“ – zu Zeiten des Boxeraufstands des Jahres 1900.

Gefangener im goldenen Käfig

Apropos Weltenlenker: Während eines Interviews mit dem damaligen chinesischen Staats- und Parteichef Jiang Zemin begann dieser plötzlich folgenden Monolog: „Sie haben doch die Menschen auf den Straßen in Beijing gesehen. Haben Sie in ihren Gesichtern Unzufriedenheit gesehen?“ Ich antwortete: „Nein, ich sah sie wie wild in den Kaufhäusern das Geld ausgeben.“ Jiang Zemin: „Da haben Sie es besser als ich. Ich habe kaum Gelegenheit, die Entwicklung Chinas mit eigenen Augen zu sehen. Ich komme hier kaum raus. Abends informiere ich mich bei meiner Frau. Einmal wollte ich mich in einem Kaufhaus umsehen – inkognito. An einem nebeligen Tag stellte ich den Kragenmantel hoch auf, zog die Kappe tief ins Gesicht und ließ mich in ein Kaufhaus im Stadtzentrum fahren. Aber schon beim Hineingehen kam es mir seltsam vor: Es war praktisch menschenleer. Als ich die Rolltreppen hoch fuhr, sah ich in den dunklen Ecken aufmerksame Gestalten. Da wusste ich: Mein Besuch war der Staatssicherheit verraten worden!“

Seekrank beim Taj Mahal

Politiker, die im Rampenlicht der Öffentlichkeit stehen, haben das Problem, dass sie ein menschliches Bedürfnis oft zu Unzeiten überkommt; manchmal sogar ganz heftig. Während des offiziellen Besuches von Bundeskanzler Fred Sinowatz in Indien wurde, wie dort üblich, die gesamte österreichische Delegation von heftigen Verdauungsproblemen erfasst. Nach der Übernachtung in einem Luxushotel beim Taj Mahal erkundigte sich während des Frühstücks Frau Sinowatz – übrigens eine der liebenswürdigsten Politikergattinnen – bei Tischgenossen (während ihr Gatte vom Arzt gepflegt werden musste): „Ist es euch heute Nacht ebenso ergangen wie dem Fredl? Ich bin im Bett richtig seekrank geworden. Neben mir der Fredl auf! raus! rein! auf! raus! rein! auf! raus! – die ganze Nacht!"

Rasch hatte sich der Bundeskanzler erholt und sein legendärer Appetit kehrte zurück. In Neu Delhi hatten die Inder den österreichischen Staatsgast in der Residenz des britischen Vizekönigs einquartiert. Dort hatten sie auf dem Tisch im Salon eine regelrechte Pyramide aus Früchten und Konfekt aufgebaut. Der Kanzler konnte die Augen nicht davon lassen, zögerte aber (Stichwort: Übergewicht) zuzugreifen. Während eines Gesprächs überwältigte ihn schließlich doch der Gusto. Er erhob sich, zog eine Banane aus der Pyramide und ließ sich in den Rattansessel zurückfallen. In diesem Augenblick krachte der Sessel zusammen. Von der Erschütterung ausgelöst krachte die Pyramide zusammen. Chaos greift um sich. Fred Sinowatz im Kurzkommentar: „Esst's bitte alles weg, damit i nix mehr davon seh'."

Trotz Appetitzügelung und Verdauungsproblemen blieb Sinowatz für indische Verhältnisse ein Mann von Gewicht. Das hatten die Gastgeber nicht bedacht, denn am Fuße eines Aufstiegs zu einem Bergheiligtum warteten vier extra schmächtige Inder mit einem Tragsessel für den hohen Staatsgast. Das wollte ihnen der Sozialdemokrat nicht antun! Der Burgenländer entdeckte seine Bergsteigerqualitäten und erklomm bei schwülen 40 Grad und im – wahrhaftig – Schweiße seines Angesichts das Heiligtum – zumal ihm als Strafverschärfung das Begrüßungskomitee vorher rote Puderpunkte auf die Stirn gedrückt hatte, was in Fortfolge höllisch in den Augen brannte.

Neun Stunden Mozartkugeln

Reisen mit der Obrigkeit ist öfter mit Härten verbunden, als man glauben mag. Bei der Staatsbesuchs-Rundreise des Bundespräsidenten durch südostasiatische Länder war die letzte Station Hanoi gewesen. Nach dem Start zum Heimflug meldete sich der Pilot der AUA-Sondermaschine: „Leider haben wir beim Catering am Flughafen feststellen müssen, dass wir wegen der hygienischen Verhältnisse dieses Essen Ihrer Gesundheit nicht zumuten können. Wir bitten um Ihr Verständnis, haben aber ausreichend Mozartkugeln an Bord."

Danke für die Aufmerksamkeit, aber Mozartkugeln kann ich jetzt keine mehr sehen!

Kreiskys Pullover in der Wüste

Bruno Kreiskys legendäre Pionier-Abenteuer in Arabien sorgten für mannigfaltige exotische Erlebnisse: Wie zum Beispiel das Flugzeug eines Ölscheichs ohne Sitze mit Teppichen und Polstern, aber dafür strohblonden deutschen Stewardessen. Starts, Landungen und Wetterfronten ermöglichten engen Körperkontakt. Der Bundeskanzler gab auf seinem Thron aus Lederpolstern das Bild eines echten Paschas ab.

Ein weniger exotisches Erlebnis hatte Kreisky im Gästepalast des Emirs von Abu Dhabi. In der Nacht heulten plötzlich die Alarmsirenen auf. Die Palastwache stürmte mit gezogenen Waffen Richtung Zimmer des Bundeskanzlers; wir ihnen nach. In dem klirrend kalten Zimmer saß Kreisky auf dem Bett mit Pyjama und Pullover, den ihm Gattin Vera zuhause vorsorglich eingepackt hatte. Der Kanzler murmelte verstört: „Ich habe den Knopf zum Ausschalten der Klimaanlage gesucht." Dabei hatte der Kanzler den Alarmknopf gedrückt.

Pfefferminzzuckerl von Arafat

Apropos Abu Dhabi: Dort hatte der Emir den Bundeskanzler mit Jassir Arafat, damals noch im Untergrund, zusammengebracht. Nach dem Gespräch näherte ich mich dem Guerillaführer und bat um ein Interview. Arafat fuhr aber mit der Hand zu seinem Pistolenhalfter (mit Inhalt). Was hatte ich nur angestellt! Kein Grund zur Panik, denn die Hand fuhr weiter in die Hosentasche. Arafat zog ein Pfefferminzzuckerl heraus, drückte es mir grinsend in die Hand – und verschwand wortlos.

Kissinger darf, ich nicht?

Oft wird im Orient die Suppe doch nicht so heiß gegessen, wie sie gekocht wird. Und man findet immer einen Weg, sich zusammenzureden. So geschehen am Flughafen von Kuwait, als ich die Existenz eines israelischen Stempels im Pass schon längst vergessen hatte. Wie es der Teufel will, blätterte der Grenzer ausgerechnet bei mir jede Seite des Passes durch. Mit dem Triumphschrei eines erfolgreichen Jägers hatte er endlich den teuflischen Stempel entdeckt und das bedeutete: „No entry!" Gott sei Dank fand ich ein gutes Argument: „Gestern war US-Außenminister Henry Kissinger hier, eingeladen von Ihrem Herrscher. Der war nicht nur oftmals in Israel, der ist auch noch dazu Jude. Kissinger darf, ich nicht?" Dieses Argument verfehlte nicht seine Wirkung und der Grenzer drückte brummend den Einreisestempel in den Pass, natürlich weit weg vom israelischen.

Der Fluch des Propheten

Unergründlich ist der Orient: 1980 hatte Bundeskanzler Kreisky (begleitet von Schwedens Olof Palme und Spaniens Felipe Gonzales) den – unbedankten – Versuch unternommen, im revolutionären Hexenkessel von Teheran die amerikanischen Botschaftsgeiseln frei zu bekommen. Abschluss und Höhepunkt der Gesprächsreihe mit iranischen Politikern bildete das Treffen mit dem damaligen starken Mann des Regimes, Ajatollah Beheschti (Spitzname: Ajatollah Rasputin). Beheschti sprach als langjähriger Imam von Hamburg das deutscheste Deutsch wie aus dem Bilderbuch.

In Teheran herrschten unerträglich hohe Temperaturen, als Kreisky auf dem Besuchersofa Beheschtis Platz nahm. Das Gespräch wollte gar nicht in Gang kommen, während sich Kreisky mit seinem bekannt großen weißen Taschentuch den Schweiß aus dem Gesicht wischte. Endlich fand Beheschti die ersten Worte: „Ja, ja, Herr Bundeskanzler, es ist heiß in Teheran." Kreisky seufzte und wischte weiter. Beheschti wird politisch: „Es ist sehr heiß in Teheran."

In diesem Augenblick war für Kreisky klar, dass seine Mission gescheitert ist und er in Teheran nur mit billigen Sprüchen hingehalten wird. Zornesröte stieg in seinen Kopf. Die funkelnden Augen wurden ganz schmal und Kreisky zischte betont abschätzig in tiefstem wienerischen Dialekt: „Wissen's wos, Herr Beheschti, bei uns z'haus in Wien gibt's a Sprichwurt: Wer schwitzt, is' g'sund! … Sie schwitzen net, Herr Beheschti!"

Wochen später flog Ajatollah Beheschti bei einem Bombenanschlag in die Luft.

Kreisky war nicht der Täter, aber sein Fluch hat gesessen.

Kein Glas Wasser für Golda Meir?

Apropos fluchender Kreisky: Bei einem Besuch der israelischen Ministerpräsidentin Golda Meir spielten sich Schreiduelle ab, die sogar noch außerhalb der dicken Barocktüren des Bundeskanzleramtes zu hören waren. Um Mitternacht stürmte Golda Meir heraus und flog nach Israel zurück. Dort angekommen referierte sie gegenüber Radioreportern ihre Horrorerlebnisse, die in dem berühmt gewordenen Satz gipfelten: „Man bot mir nicht einmal ein Glas Wasser an“. Weniger bekannt ist, wie Kreisky darauf regiert hat:

Da ich das Privileg hatte, morgens beim Bundeskanzler Telefonaudienzen zu bekommen, tat ich dies und konfrontierte Kreisky mit diesem Satz. Der Kanzler, hörbar das Frühstückskipferl schmausend, schoss wie aus der Pistole zurück: „Sie hat auch keines verlangt!“

Eine Stunde später hörte sich der Eklat im Rundfunkinterview anders an. Da sprach der wendige Diplomat: „… eine unerhörte Verleumdung. Ich hatte ihr sogar ein Ruhesofa angeboten.“

Schließen wir das unerschöpfliche Anekdoten-Kapitel „Kreisky“ mit seinem Vorwurf an die „Kronen Zeitung“ ab: „Ihr habt im politischen Ressort drei Redakteure: Einer schreibt für die ÖVP, einer schreibt für die FPÖ und einer schreibt gegen die SPÖ.“

Kirchschlägers feiner Humor

Kommen wir von Kreisky zu dem Bundespräsidenten seiner Ära, dem weisen Rudolf Kirchschläger, der es mit Engelsgeduld ertrug, im Schatten Kreiskys zu stehen. Der nach außen hin trockene Mann hatte einen feinen Humor. Ein Interview mit ihm war in der „Kronen Zeitung" mit einem Foto von uns beiden angereichert. Daraufhin schrieb eine empörte Leserin: „Schämen Sie sich nicht, dem Staatsoberhaupt mit verschränkten Armen gegenüber zu sitzen? Nächstes Mal legen Sie auch noch die Füße auf den Tisch. Armes Österreich! Eine 80-Jährige."

Kirchschläger, mit dem Brief konfrontiert, schrieb mir zurück: „Sehr gütig scheint das Alter die liebe Frau nicht gemacht zu haben. Ich werde in Zukunft darauf achten, dass Redakteure mir sittsam gegenüber sitzen."

„The president of what?"

Kirchschlägers Staatsbesuchsrundreise durch die USA machte auch in Chicago halt. Während der Bundespräsident eine Rede hielt, sollten wir Begleitjournalisten schon vorausfahren zum Weiterflug nach Los Angeles. Das war keine gute Idee, denn wir Journalisten blieben genau in jenem Stau stecken, der durch die Absperrungen für den Kirchschläger-Konvoi entstanden war.

In dem ohrenbetäubenden Hupengeheul schob sich neben unser Journalistenauto einer der riesigen amerikanischen Überland-LKWs. Der Fahrer beugte sich aus dem Führerstand und fragte zu uns herab: „What's going on?" Ich antwortete: „The president of Austria".

Zusatzfrage: „The president of what?" Antwort: „The president of A-u-s-t-r-i-a". „What?" „A-U-S-T-R-I-A."

„Oh, what a shit."

Macht nichts. Als Österreicher ist man einiges gewohnt. Ein Koffer kam vom Flug aus New York in Schwechat über und über mit Filzstift beschmiert: „Austria – the ass hole of the world." Der Koffer kam wenigstens unbeschädigt an. Harmloser war die Ankunft in Saigon zu den letzten Tagen des Vietnamkriegs 1975. Der Grenzer drehte den Pass in jede Richtung um und fragte dann ungläubig: „What is Austria?"

Die Verwechslung in Asien mit Australien (dort haben sie bei der Post schon einen Stempel: „Miss-sent to Sidney") treibt zuweilen skurrile Blüten. In Bangkok will jeder Taxifahrer wissen „Where do you come from?" – wobei endlich einer die Antwort „Austria" mit Gesten allerhöchsten Respekts quittierte. „Austria", so meinte er, sei für ihn ein unverwechselbarer Begriff. Er wollte aber noch mehr wissen: „Welcher Teil von Austria: Sidney oder Melbourne?"

Eklat mit Japans Kaiser

Manchmal sind es aber die Vorteile, die man als Österreicher genießt, welche über solchen Ungemach hinwegtrösten. So geschehen 1990 bei der Inthronisation des japanischen Kaisers. Diese altertümliche Feierlichkeit sollte im Zeichen der Modernisierung auch von Volksverbundenheit geprägt sein. Deshalb war eine so genannte „Gartenparty" in dem großen Park des Akasaka-Schlosses organisiert. Dort sollte der neue Kaiser bei einem Rundgang mit Repräsentanten der japanischen Gesellschaft zusammentreffen. Im Park waren weitläufig an die zehn Zelte verteilt, wo jeweils Akademiker, Gewerkschafter, Künstler usw. auf den Kaiser warteten. Für ausländische Journalisten gab es Platzkarten nur für ein zu bestimmendes Zelt. Das japanische Hofprotokoll hatte jedem Land die gleiche Zahl von Platzkarten zugeteilt. Da ich der einzige Berichterstatter aus Österreich war, bekam ich alle Österreich zustehenden Platzkarten. Allerdings kann man mit dem Kaiser nicht mitgehen, sondern muss auf ihn warten (Befehl: „Nicht bewegen, wenn der Kaiser kommt"). Das Problem sollte so gelöst werden, dass ich jeweils eine Station überspringe. Den Weg wies ein mir zugeteilter Protokollbeamter, der mich zur jeweils übernächsten Station vor sich her jagte. Der Park ist leicht hügelig mit viel Buschwerk. Im Laufschritt, hinter mir der hysterische Hofschranze („Hurry up, hurry up!") stürmte ich durch eines dieser Buschwerke, doch gleich dahinter kam es zur Verkehrskatastrophe: Kaiser von rechts!

Trotz Vollbremsung geschah das Unvorstellbare: Der Kaiser bekam einen „Rempler". Ein Sakrileg. Schrecksekunden. Was nun? Ganz einfach: Der Kaiser, ein ungemein liebeswürdiger Mann, lächelte und verbeugte sich. Ich stammelte irgendwelche Entschuldigungen, die er ohnehin nicht verstand, und übte mich auch in Verbeugung. Worauf sich der Kaiser noch tiefer verbeugte. Ich legte nach und verbeugte mich angesichts des Größenunterschieds bald bis zum Bauch – und zog mich im Rückwärtsgang zurück.

Ahnungslosen Umstehenden müsste der Vorfall und die Akrobatik ziemlich lächerlich vorgekommen sein. Die umstehenden Hofschranzen fanden es gar nicht zum Lachen und waren zu Salzsäulen erstarrt. Ob die Verantwortlichen für dieses organisierte „Verkehrschaos“ Harakiri verübt haben, ist mir nicht bekannt.

„I AM YOUR CENSOR“

Heikle Szenen mit der Obrigkeit haben sich immer wieder abgespielt. Während des Nahostkrieges von 1973 war ich einer der wenigen Kriegsberichterstatter auf ägyptischer Seite (nach einer zweitägigen Taxifahrt auf den Spuren Rommels vom lybischen Bengasi über Tobruk nach Kairo). Dort angekommen, gab es so gut wie keine Verbindungsmöglichkeiten zur Redaktion. (Die beste Geschichte eines Journalisten ist nichts wert, wenn die Redaktion davon nichts erfährt). Ein Telefongespräch, das ich angemeldet hatte, kam nach 48 zermürbenden Stunden um zwei Uhr früh zustande. Kaum hatte ich begonnen, unterbrach eine Stimme: „Do you have a permission to speak?“ Ich, ziemlich entnervt, brüllte hinein: „No … Who are you?” Anwort: „I am your censor.“ Damit war die Verbindung auch schon beendet.

Eine andere Möglichkeit bestand darin, Manuskripte bei der Fernschreibstelle des Presseamtes abzugeben. Die wurden von der Zensur derart verstümmelt, dass die Redaktion den Eindruck gewinnen musste, ich sei in Kairo nicht mehr ganz bei Trost.

Einbruch in der Botschaft

Also schritt ich zur Verzweiflungstat. Ich brach nachts in die einsame, baufällige Villa unserer Botschaft ein (es war ganz leicht, blieb unbemerkt und das Delikt ist verjährt), setzte mich an den Fernschreiber, dessen Bedienung ich wohlweislich gelernt hatte, und sandte die Artikel (über den für Ägypten ungünstigen Kriegsverlauf) durch. Beim täglichen Frühstück mit dem netten Botschafter klagte er über drohende Anrufe der – fleißig mitlesenden – ägyptischen Behörden: „Ich weiß nicht, was die gegen Österreich haben. Die drohen, uns alle Leitungen abzuschalten." Zu Kriegsbeginn hatte ich an der Spitze einer ägyptischen Panzerbrigade über eine Pontonbrücke den Suezkanal überschritten – unter rotweißroter Beflaggung; allerdings nicht wegen mir, sondern Rotweißrot ist die ägyptische Kriegsflagge.

Gustav Husak hört ORF

Tarnen und Täuschen ist das Gebot nicht nur für jeden Soldaten, sondern auch für jeden Reporter. Das Tarngewand für den politischen Reporter ist der Diplomatenanzug. Dieser „battle dress" ist ein echtes Erfolgsrezept zum Eindringen in Regierungskanzleien.

Fall Nummer eins: Kreisky auf Tauwetterbesuch bei dem verknöcherten tschechoslowakischen Staats- und Parteichef Gustav Husak. An der Seite des Bundeskanzlers geht es zu Husak hinauf bis zum Besprechungs-Salon (Kreisky: „Alles was recht ist, aber jetzt müssens draußen bleiben."). Husaks Sekretär in der Annahme, ich sei Kreiskys Sekretär, führt mich währenddessen in Husaks Arbeitszimmer. Ich nehme an Husaks Schreibtisch Platz und – vielleicht aus Langeweile – drücke den Knopf von Husaks Radioapparat. Es ist Punkt zwölf und aus dem Radio ertönt die Kennmelodie vom ORF-Mittagsjournal. Husaks Apparat ist auf Ö1 eingestellt. Normaltschechen sollten so etwas lieber nicht tun. Meinen staunenden Blick quittiert Husaks Sekretär: „Ja, der Herr Präsident informiert sich nur aus dem ORF. Am Wochenende, wenn er (zuhause) in Bratislava ist, schaut er ORF-Fernsehen (welches in Prag nicht zu empfangen war). Am liebsten schaut er Heinz Conrads."

Janos Kadars grosser Irrtum

Fall Nummer zwei: Beim historischen ersten Besuch des ungarischen KP-Führers Kanos Kadar bei Kreisky – es war Kadars erste Westreise überhaupt – wartete ich im Bundeskanzleramt vor dem Saal, bis beide nach dem Gespräch herauskamen. Mit Schreibblock bewaffnet sprach ich über die Dolmetscherin (Kreisky war informiert) den KP-Führer an und fragte ihn über den Gesprächsverlauf. Kadar begann zu reden – und hörte nicht mehr auf. Er spulte das ganze Gespräch ab und endete schließlich mit dem Höhepunkt: „Wir sind übereingekommen, dass es Zeit ist, die Visapflicht aufzuheben." Damals eine Sensation. Ich eilte in die Redaktion und wir machten daraus eine Exklusiv-Schlagzeile.

Monate später erzählte mir der ungarische Botschafter, was nachher geschah: „Am nächsten Morgen beim Frühstück im Hotel Imperial erkundigte sich Kadar, wie sein Besuch von den österreichischen Medien aufgenommen wird. Ich sagte: ‚Besser kann es gar nicht sein nach Ihrem Interview mit der „Kronen Zeitung" und der Ankündigung der Visafreiheit.' Kadar: ‚„Kronen Zeitung?" Interview? Was soll ich der „Kronen Zeitung" gesagt haben?' Botschafter: ‚Hier die Schlagzeile: Kadar zur „Kronen Zeitung": Visafreiheit mit Ungarn fix.' Der unerfahrene Kadar grübelt: ‚Das ist ein Journalist gewesen? Ich dachte, das sei der zuständige Beamte, der das Gespräch protokolliert!'"

Griessbrei für Leonid Breschnew

Der glänzende Schein der Machtkulisse ist trügerisch und hinter den Kulissen geht es zuweilen ziemlich banal, ja geradezu menschlich zu: Kreml-Bankett für den österreichischen Bundespräsidenten. Die Tische biegen sich. Der Gastgeber aber, Kremlchef Leonid Breschnew, hat davon überhaupt nichts. Dem alten Herrn nähert sich ein zwei Meter großer KGB-Hüne, knallt ihm einen Napf vor die Nase und steckt ihm forsch einen Löffel in die Hand. Den Rest des Abends löffelt der Herr des Kreml-Banketts Grießbrei aus seinem Napf.

Apropos kranker Breschnew: Von dem Gipfeltreffen mit US-Präsident Jimmy Carter in Wien ist die Szene mit dem Kuss noch in lebhafter Erinnerung. Große Sorge bereitete damals den Organisatoren, wie der Kremlchef in den Redoutensaal der Hofburg hinaufkommt. Da hatte ein Hofrat die rettende Idee: Zu den damaligen Bauarbeiten in der Hofburg gab es einen kleinen Lastenaufzug. So blieb dem zweitmächtigsten Mann der Welt das Stiegensteigen erspart, obwohl er auch im Lastenaufzug heftig nach Luft rang.

Wieviele Pässe haben Sie noch?

Apropos Ungarn: Während der Jahre der komplizierten Berichterstattung im kommunistischen Ostblock hatte ich nicht nur einen Fingerhut mitgenommen wegen des stundenlangen Drehens der Telefonwählscheiben, sondern auch zwei (legale) Pässe, sodass bei der Beschlagnahme eines Passes vielleicht doch noch die Ausreise mit dem zweiten möglich sei. Am Flughafen von Budapest fielen mir bei der Ausreise allerdings beide Pässe aus dem Sakko auf den Tisch des Grenzbeamten. Dieser kommentierte schlagfertig: „Und wieviele Pässe haben Sie noch?" Ich flüchtete mich schlicht und einfach in die Wahrheit über den Zweck von zwei Pässen. Das machte Eindruck und er winkte mich durch.

Jelzin zieht sich aus ...

Die Wahrheit und nichts als die volle Wahrheit ist dennoch nicht immer zweckmäßig. Es geschah im Allerheiligsten Russlands, dem Kreml. Boris Jelzin war zu einem seiner ganz seltenen Interviews bereit und es sollte sich bald herausstellen, weshalb so selten: Das Interview vollzog sich unfreiwillig kabarettreif. Schon beim Handschlag fiel mir Jelzin fast in die Arme. Dann legte er die Hand um meine Schulter und führte mich zum Interview-Tisch. Dort entledigte er sich des Sakkos und gleich auch der Krawatte. Er öffnete einige Hemdknöpfe, krempelte die Ärmel hoch und eröffnete das Interview mit einem herzhaft-schallenden „Schießen Sie los!"

Diese Szene blieb der österreichischen Öffentlichkeit verborgen, weil die Kremlfunktionäre, denen die Schweißperlen des Entsetzens auf der Stirn standen, den „Kronen Zeitung“-Fotografen schon nach wenigen Sekunden aus dem Raum hinauskomplimentiert hatten. Der österreichischen Öffentlichkeit blieb aber noch viel mehr verborgen – durch meine Selbstzensur. Das Interview musste „geschönt“ werden, denn mal waren Jelzins lallende Äußerungen kaum zu verstehen, mal verlor Jelzin mitten im Satz den Faden – und fand ihn nicht wieder.

Nach der Verabschiedung – Jelzin blieb lieber sitzen – näherte sich der Protokollchef mit einer „Bitte“ (selten für Russland!): „Würden Sie bitte im Interesse der Beziehungen zwischen unseren beiden Staaten und natürlich im Interesse Russlands von der Veröffentlichung der Begleitumstände dieses Interviews Abstand nehmen.“ Ich versprach's. Heute ist Jelzin nicht mehr Präsident, sondern fröhlicher Pensionist und er war von jenen drei Kremlchefs, die ich in Interviews kennen lernte, der „menschlichste“. Gorbatschow war der kluge Analytiker mit „westlichem“ Intellekt, Putin ist der Zar, Jelzin war der sympathische russische Bauer.

Interview mit Bosniens Karadzic

Eine der Sternstunden der österreichischen Außenpolitik war Anfang 1990 ein von der ÖVP organisiertes Treffen der „neuen demokratischen Kräfte" Ost- und Südosteuropas auf dem Donauschiff „Mozart". Dort anwesend waren unter anderem Franjo Tudjman aus Kroatien sowie Alija Izetbegovic und Radovan Karadzic aus Bosnien. Karadzic trug als einziger Smoking und sprach das beste Englisch.

Ich interviewte alle drei. Bald schon stellte sich heraus, dass sich hier schlicht und einfach und leichtfertig der Weg in den Krieg abzeichnete. Leider hat keiner der verantwortlichen westlichen Politiker – außer Mock – diese Äußerungen in ihrer vollen Tragweite ernst genommen.

Franjo Tudjman („Ich bin eigentlich kein Politiker, sondern Wissenschafter, Historiker"): „Als Historiker erinnere ich mich, wie die skandinavischen Völker früher miteinander gekämpft haben, als es die Bestrebungen zu einem skandinavischen Einheitsstaat gab, und wie sie heute als freie Völker friedlich miteinander leben. Ich bin für die Skandinavisierung des Balkans!"

Radovan Karadzic: „Entweder bleibt Jugoslawien als Bundesstaat bestehen oder wir Serben gehen. Wenn Jugoslawien zerfällt, wird daher auch Bosnien zerfallen. Bosnien ist ein künstliches Gebilde, geschaffen vom Wiener Kaiserhof. Den Serben gehören 40 Prozent von Bosnien – sonst gibt es Krieg."

Alija Izetbegovic: „Wenn wir in Jugoslawien beginnen, an den Republikgrenzen zu rütteln, schaffen wir uns selbst die Hölle. Ein Zerfall Bosniens könnte ungeheuer zerstörerische Kräfte freisetzen."

Wenige Monate später fielen die ersten Schüsse.

Alois Mock als Christbaum

Nach diesem todernsten Zwischenspiel wieder zu fröhlichen Anekdoten: In der serbischen Propaganda wird die Schuld am Zerfall Jugoslawiens „Genscher, Mock und dem Papst“ zugeschrieben. Außenminister Alois Mock war tatsächlich beim Papst gewesen, aber nicht wegen Jugoslawien, sondern als Begleiter des Bundespräsidenten Waldheim zum österreichischen Staatsbesuch beim Heiligen Stuhl. Das Protokoll schrieb Frack mit allen Orden vor und Mock trug schwer an seinen vielen Auszeichnungen.

Als sich in der mit dicken Teppichen geräuschgedämpften „Privatbibliothek“ des Papstes die Gäste durch Handkuss, kombiniert mit einer leichten Kniebeugung, beim Heiligen Vater vorstellten, fiel Alois Mock geräuschvoll auf beide Knie. Das Klimpern und Scheppern seiner Orden erinnerte mich unwillkürlich an unseren unlängst umgefallenen Christbaum.

Alois Mock und der Obstler

Höhepunkt in Alois Mocks Berufsleben war der Abschluss der mühsamen Beitrittsverhandlungen mit der EU. Mock war außer sich vor Freunde, richtig entfesselt. Davon bekannt ist das Dankes-Busserl, das der sonst zurückhaltende Außenminister der Staatssekretärin Gitti Ederer auf die Wange drückte. Noch nicht bekannt ist, was sich bei dem nächtlichen, feuchtfröhlichen Rückflug der österreichischen Delegation in der AUA-Sondermaschine abgespielt hat.

Alois Mock, ein Seltenheitstrinker, ließ sich am Ende seines Gratulations-Rundgangs durch das Flugzeug neben mich in den Sitz fallen und überraschte mit dem Angebot: „Den Erfolg müssen wir begießen. Stewardess: zwei große Obstler!"

Als sich Mock zu mir herüberbeugte, um auf den Erfolg anzustoßen, vergoss seine zitternde Hand den Inhalt über mein Hemd und meine Hose. Ich kippte diszipliniert das Glas, während Mock bemerkte, dass in dem seinem der Inhalt fehlt. Er grübelte nicht lange, sondern rief entschlossen: „Stewardess, zwei große Obstler!"

Die Szene wiederholte sich. Diesmal landete der Inhalt auf meinem Knie und vor dem Sitz. Mock grübelte nicht lange, sondern rief entschlossen: „Stewardess ..." Da hatte das Schicksal ein Einsehen und sprang rettend ein. Aus dem Lautsprecher ertönte die Stimme: „Bitte anschnallen zur Landung in Wien." Auch war das Rauchverbot ein Segen, denn Zigarettenanzünden im Nebel des verschütteten Obstlers hätte dem bevorstehenden Jubelempfang in Schwechat einen bösen Strich durch die Rechnung machen können.

Als Mock am Fuße der Gangway von Bundeskanzler Vranitzky begrüßt wurde, entstand das bekannte Foto, das den Außenminister in der glücklichsten Stunde seines Lebens zeigt. Von mir sieht man dahinter Gott sei Dank nur den Kopf und nicht die nasse Hose ...

Gratulation vom Himmel

Im Flugzeug kann es leicht langweilig werden und ein paar Drinks helfen die Langeweile zu überwinden. Der 29. Juni 2004 brachte den vorläufigen Höhepunkt der Globalisierung in der Politik: Zwei Gipfeltreffen in Europa an einem Tag; vormittags Istanbul (Nordatlantikrat), abends die Kür des neuen EU-Kommissionspräsidenten Barroso in Brüssel. Schüssel flog mit dem Lufttaxi Wien—Istanbul—Brüssel—Wien; davon einmal über Wien und Niederösterreich hinweg. Dieser Umstand war Schüssel während des Philosophierens über Telegramme, die er von Amtskollegen aus der Luft erhält, einen kleinen Scherz wert. Wir formulierten ein Funktelegramm aus dem Flugzeug an Erwin Pröll, damit auch er eines hat: „Sehr geehrter Herr Landeshauptmann, lieber Erwin. Beim Überfliegen Ihres (Deines) Landes haben wir festgestellt, dass Ihr (Dein) Land wohl bestellt ist. Mit dem Ausdruck vorzüglicher Hochachtung: Schüssel, Wolfgang & Begleitung."

Lebensgefährliche Melina Mercouri

Zum Abschluss ein richtig lebensgefährlicher Zwischenfall; nicht am Kriegsschauplatz, nicht mit einem Diktator, sondern mit der temperamentvollen griechischen Film- und Polit-Diva Melina Mercouri. Sie führte Anfang der Siebzigerjahre im Westen im Exil einen Propagandafeldzug gegen die griechische Militärdiktatur. So kam sie auch nach Wien und der Pressechef der SPÖ bot sich an, ein Interview zu vermitteln mit Ort- und Zeitangabe: „Morgen, Hotel Sacher, 11 Uhr." Am nächsten Morgen: Der Portier im Hotel Sacher wusste nichts von einem Termin, nannte aber die Zimmernummer.

Erst nach nachhaltigem, lautem Klopfen öffnete sich die Zimmertür - und vor mir stand der Star, wie ihn lieber niemand sehen sollte. Ich hatte die Diva um 11 Uhr aus dem Bett geholt. Sie wusste natürlich nichts von einem Interview, stimmte aber nach heftigem Insistieren („Es geht doch um Griechenland") einem solchen zu. Hatte also das Interview schon in übelster Laune begonnen, so erregte sie sich maßlos über die Frage, wie ernst ihr Freiheitskampf wirklich gemeint sei. Sie begann in griechischer Sprache offensichtlich fürchterliche Flüche auszustoßen und ihre Gestik war unmissverständlich: „Raus!!!"

Das ware an und für sich noch nichts Ungewöhnliches, doch auf meinem Weg zur Zimmertür schlug plötzlich neben mir ein schwerer Aschenbecher mitten auf der Tür ein und hinterließ eine tiefe Kerbe.

Ein „Dankeschön“ von Saddam Hussein

Der Krieg Saddam Husseins gegen Ajatollah Khomeini brachte mir einen überraschenden Anruf der irakischen Botschaft in Wien mit einer Besuchseinladung von Präsident Saddam Hussein ein. Saddam wollte die Welt zu seiner Unterstützung mobilisieren und seinen siegreichen Feldzug zur Eroberung der iranischen Erdölregion herzeigen. Also: Flug in die jordanische Hauptstadt Amman, 12-Stunden-Fahrt mit einem irakischen Botschaftswagen durch die Wüste nach Bagdad (der Flughafen Bagdad war kriegsbedingt geschlossen), Unterkunft im Regierungshotel „Al Rashid“ und am nächsten Tag 8-Stunden-Fahrt nach Basra in den ersten Golfkrieg. Dort, kaum im altbritischen Kolonialhotel „Shatt el Arab“ angekommen, erzitterte das Gebäude durch einen – vergeblichen – iranischen Bombenangriff auf die irakische Militärpontonbrücke über den Shatt el Arab, der die Grenze bildet.

Bei der anschließenden Besprechung des Programms des nächsten Tages schlug der Begleitoffizier eine Fahrt an die Front vor – natürlich über die Pontonbrücke. Meine Frage, wie es um die Sicherheit stehe, konterte der Iraker mit der verblüffenden Antwort: „Da brauchen Sie sich überhaupt keine Sorgen zu machen. Wir fahren um acht Uhr. Da gibt es keine Angriffe. Da sitzen die Piloten beim Frühstück.“

Von solcher Art der Kriegsführung überrascht, konnte mich der Belagerungsring um die iranische Golfmetropole Abadan auch nicht mehr überraschen, die Saddam Hussein bereits – verfrüht – in den arabischen Namen Muhamarra umgetauft hatte: Hinter einem aufgeschütteten Sandwall um die Stadt hatte Saddam seine Panzer schräg in Stellung gebracht und diese wie mittelalterliche Belagerungskanonen in die Stadt hineinschießen lassen. Panzer wurden aber als mobile Waffen erfunden.

Zurück in Bagdad setze ich einen Zeitungsartikel auf mit dem Titel: „Rommel würde sich im Grab umdrehen.“ Dieser Artikel wurde aber auch in der irakischen Botschaft in Wien mit großer Enttäuschung gelesen. Einen Tag später pumperten im Rashid-Hotel zwei Männer mit Anzug und dunklen Brillen an der Tür: „Herr Präsident Saddam Hussein dankt, dass Sie sein Gast gewesen sind. Sie haben fünf Minuten Zeit. Unten wartet das Auto.“

Es hätte schlimmer ausgehen können.

Zehn Jahre später war ich aber schon wieder in Bagdad – direkt bei Saddam Hussein; diesmal mit Bundespräsident Waldheim zur Befreiung der österreichischen Geiseln, pardon: „Gäste des Präsidenten“, vor dem zweiten Golfkrieg. (Die Idee zu dieser politisch heiklen Mission kam von dem gewieften und Österreich sehr gewogenen jordanischen König Hussein; nachher fiel die ganze Welt erst über Waldheim her und dann machten es doch Ted Heath, Willy Brandt und andere dem Bundespräsidenten nach).

Bevor Waldheim nach der Ankunft in Bagdad überhaupt ein Wort zur Sache reden konnte, führte uns Saddam in einer zweistündigen Autotour durch Bagdad herum, um stolz seine Metropole zu präsentieren. Als Waldheim später endlich zur Sache kommen konnte, waren viele Worte auch gar nicht mehr nötig. König Hussein hatte richtig kalkuliert: Saddam Hussein war nur wichtig gewesen, den in der Dritten Welt berühmten Ex-UNO-Chef Waldheim neben sich sitzen zu haben. Darüber freute sich der Tyrann kindisch.

Saddam gab „prinzipiell“ grünes Licht für die Ausreise der Österreicher. Dabei hatte er aber nicht mit der Hartnäckigkeit des die orientalische „Vergesslichkeit“ kennenden Ex-UNO-Chefs gerechnet. Waldheim wollte die Österreicher „sofort“ in der AUA-Maschine nach Wien mitnehmen. Also musste Saddam seine Staatspolizei im ganzen Land mobilisieren, um die Österreicher „sofort“ nach Bagdad zu bringen. Die Staatspolizei funktionierte ausgezeichnet.

Himmelfahrts-Kommando

Apropos AUA-Sondermaschine: Die AUA wollte ursprünglich gar keine Maschine zur Verfügung stellen, da die internationalen Versicherer jeden Schutz in das bevorstehende Kriegsgebiet ablehnten. Erst als der Ministerrat in Wien für das Flugzeug (auch für die Insassen?) gut stand, konnte die Maschine Richtung Bagdad abheben.

Ein Himmelfahrtskommando im wahrsten Sinne des Wortes.

Arafats hartes Nachtlager

Was Kurt Waldheim als UNO-Generalsekretär in der Dritten Welt berühmt gemacht hatte, hing unter anderem mit dem großen Auftritt des PLO-Führers Arafat 1974 in der UNO zusammen. Dabei war es gar nicht Waldheim gewesen, der die Besuchsinitiative ergriffen hatte, sondern die UNO-Generalversammlung. Macht nichts: Im Westen war Waldheim daraufhin unten durch. Als Arafat abends ankam, hatte Waldheim aber andere als diese Sorgen. Die USA hatten dem PLO-Führer den Aufenthalt nur für das UNO-Gelände erteilt. Also wohin mit Arafat für die Übernachtung? Die ungewöhnliche Lösung: Das Notbett in der medizinischen Ambulanz des UNO-Hauptquartiers.

Ein nach wie vor hoher israelischer Politiker sagte mir später einmal über Arafats UNO-Aufritt: „Das Problem mit ihm war, dass er nach diesem Erfolg den Wechsel vom uniformierten Guerillaführer zum Staatsmann in Zivil versäumt hatte. Er blieb beim Tarnen und Täuschen. Er hat den Wechsel nie geschafft."

„Journale de la Couronne" im Elysée

Der österreichische Kabarettisten-Veteran Karl Farkas hatte einst der „Kronen Zeitung" einen satirischen Ehrentitel verliehen mit der eigenwilligen Übersetzung des Zeitungstitels ins Französische: „Journal de la Couronne". Jahre später: Staatsbesuch von Bundespräsident Kirchschläger in Frankreich. Präsident Mitterrand gab im Elysée palais einen Zeremonialempfang, wie so etwas nur noch in Frankreich möglich ist: Am Ende der großen Halle standen die beiden Präsidenten und jeder eintretende österreichische Begleiter wurde gegenüber dem ganzen Hofstaat von einem echten Zeremonienmeister mit Namen und Funktion ausgerufen. Dann schritt man quer durch den Saal zum Handschlag.

Als ich an der Reihe war, ließ ich mich als – nicht ganz ernst gemeinte Geste – gegenüber Frankreich mit „Journal de la Couronne“ ausrufen. In diesem Augenblick brach Kirchschläger in schallendes Lachen aus. Mitterrand blickte den Bundespräsidenten irritiert an und quittierte beim Handschlag mein Lachen mit einem ironischen: „Monsieur, Sie beide scheinen ein Geheimnis zu haben.“ Kirchschläger erklärte Mitterrand später das „Geheimnis“. Es blieb beim Versuch.

Ernst Trost

„Stille Nacht" für die Roten Garden

„Long live chairman Mao!" Der Student aus Shanghai sagt es fast im Befehlston und die 50 jungen Leute, die uns umringen, wiederholen den Slogan gläubig: „Vorsitzender Mao soll leben!" Wir, ein Franzose und ich, eingeschlossen von einem halben Hundert Rotgardisten in einer Straße am Stadtrand von Kanton, nicken zustimmend.

„Liebt ihr unseren Vorsitzenden Mao¿", fragt der Student, der stolz auf seine Englischkenntnisse ist. Er erwartet nichts anderes als ein „Ja". Die Mädchen und Burschen mit den roten Armbinden und den Antigrippepäckchen vor dem Mund sind begeistert.

Der Kreis wird immer enger. Sie stellen Fragen, sie lachen und sie singen – die großen Hits der Kulturrevolution: „Der Osten ist rot" und das Lied vom Steuermann Mao.

„Jetzt müsst ihr was singen", heißt es plötzlich. Wir entschuldigen uns mit einer heiseren Kehle, aber jeder Widerstand ist vergebens. Gesang gehört zur Kulturrevolution – so raffe ich mich zusammen und beginne: „Stille Nacht, heilige Nacht", eine Strophe. Andächtig lauschen Maos Jünger. An diesem druckend-feuchten Abend ist es still, nur von weitem plärrt ein Lautsprecher und verkündet Maos Parolen. Als ich zu Ende bin, herrscht einen Moment Schweigen, dann klatschen die Rotgardisten stürmisch, klopfen mir auf die Schulter und schütteln mir die Hand.

Das ist Kanton in diesen Tagen, die Dreimillionenstadt am Perlriver, die viertgrößte Chinas. 80 Stunden verlebte ich dort unter Hunderttausenden von Rotgardisten, die die Straßen füllen, die Plätze, die Autobusse, und die heute Herren der Stadt sind. 80 Stunden lang sah ich, wohin ich blickte, das zufriedene Gesicht des Vorsitzenden Mao, wurde pausenlos mit Zitaten aus seinen Werken berieselt und immer wieder daran erinnert, dass nichts wird in dieser Welt ohne das kleine rote Büchlein mit den Mao-Worten.

80 Stunden lang sah ich aber auch, was man in China oder zumindest in Kanton heute unter Kulturrevolution versteht – nicht Bürgerkrieg, Aufruhr, blutige Demonstration, totale Auflösung, sondern eher einen Zustand gesteigerter Nervosität und künstlich erzeugter Unruhe, der zum Alltag wird. Wenn man durch die Straße Kantons wandert, fühlt man jene Bewegung, jene Spannung, wie man sie rund um ein großes Fußballmatch, aber auch am Rande eines Katastrophenortes findet.

Rotgardisten, wohin man blickt, kleine Trupps von zehn bis zwölf Mann. Größere Ansammlungen, fröhliche Gesichter, die einen fanatischen Ausdruck bekommen, wenn die Lautsprecher etwas von der „Handvoll“ von Männern an der Macht, die den Weg des Revisionismus, des Kapitalismus und des Ökonomismus eingeschlagen haben, sagen, dann wieder nur Neugier, Müdigkeit und die großen, staunenden Augen Vierzehn- und Sechzehnjähriger, die nach mehrwöchigem Fußmarsch zum ersten Mal in einer großen Stadt sind und zum ersten Mal Europäer erblicken – eine seltsame Mischung von Hitlerjugend, Revolutionstourismus, Jahrmarkt, Wurstelprater und bitterem Ernst. Wann immer ich durch die Stadt spazierte, niemals hatte ich Schwierigkeiten. Meist halfen ein freundliches Lächeln und das Mao-Abzeichen am Rockaufschlag – es gibt niemanden in der Stadt, der es nicht trägt – gegen jede Fotoscheu. Bleibt man stehen, bildet sich sofort ein Kreis um einen, geht man weiter, weichen die Rotgardisten sofort zurück und geben den Weg frei. Bei aller Freundlichkeit ist eines doch gewiss, wenn ein Lautsprecherwagen verkündet: „Vorsitzender Mao sagt: ‚Tötet die weißen Teufel'“, dann möchte ich nicht mitten unter den Rotgardisten sein.

Die jungen Leute sind völlig losgelöst aus ihrem gewohnten Milieu – in Kanton traf ich keinen Rotgardisten aus Kanton. Alle stammen aus anderen Teilen Chinas. Niemand bleibt zu Hause, alle sind unterwegs auf dem „langen Marsch“. Erfüllt von einem religiösen, hundertprozentigen Mao-Glauben, sind sie alle bereit, alles zu tun, was ihnen in Maos Namen befohlen wird.

Ein wenig spürte ich davon am Wochenende. Am frühen Morgen waren die Hotelangestellten um ein Autoradio versammelt und hörten die Nachrichten. Mit ernster Stimme übersetzte unser Führer: „Es sind sehr wichtige Nachrichten. Unsere Studenten wurden von der sowjetischen Polizei misshandelt.“ Diese Meldung wird nun den ganzen Tag wieder gekaut.

Am Abend vor dem Hotel ertönen Sprechchöre. Mehrere hundert Leute sind auf dem großen Platz aufmarschiert und bilden einen Halbkreis, ein Mädchen kommandiert mit einem Megaphon vor dem Mund. Zwei Burschen schwenken riesige Karikaturen sowjetischer Führer. Unter dem Jubel der Rotgardisten gehen die Bilder in Flammen auf, das Mädchen zitiert immer wieder Mao, und ekstatische Rufe der Demonstranten respondieren in dieser politischen Litanei. Ich lasse mir übersetzen: „Nieder mit den revisionistischen Schweinen! Tod den Verrätern in Moskau!“

Ich stürze mit dem Fotoapparat aus dem Hotel und bin mitten unter den Demonstranten. Zur Sicherheit winke ich ihnen zu. Sie kümmern sich nicht um mich. Nach einem Lied marschieren sie mit wehenden Fahnen weiter, ein Lastwagen voll Soldaten folgt ihnen. Das Hotelpersonal lässt mitteilen, dass ab 19 Uhr das Service nicht komplett sein wird, da die meisten Angestellten zu einer antirussischen Kundgebung müssen.

Wir fahren in ein romantisches Gartenrestaurant, wo normale Menschen Pekingente, süßsaures Schweinefleisch und Reiswein bestellen.

Niemand hätte sich damals träumen lassen, dass nur fünf Jahre später US-Präsident Nixon Gast Maos und dessen Premiers Chou En-lai sein würde.

Georg Wailand

Als der Kammerpräsident ausnahmsweise einmal sprachlos war …

Er war eine legendäre Figur, der frühere Präsident der Bundeswirtschaftskammer, Ing. Rudolf Sallinger. Äußerlich war seine Erscheinung wenig imposant, er war klein, dicklich mit Hornbrille – und er konnte, wenn er zusammengekauert im Auto saß, problemlos seinen Hosenbund über seine Brustwarzen schieben. Dafür war er aber mit einem umso wacheren Machtinstinkt ausgestattet, seine scheinbare Hilflosigkeit war bei so manchen Verhandlungen wie eine tödliche Waffe: Ehe die anderen erkannten, dass er viel gerissener war, als er wirkte, hatte er meist schon gewonnen.

Dennoch gab es einige Situationen in seiner langen und erfolgreichen Karriere, die ihn, kurzfristig zumindest, sprachlos werden ließen.

Obwohl ihm Fremdsprachen wirklich fremd waren (und weitgehend auch blieben) reiste Sallinger für sein Leben gern; diszipliniert klapperte er alle Außenhandelsstellen der Wirtschaftskammer rund um den Globus ab.

So reiste er einmal an der Spitze einer Wirtschaftsdelegation nach Afrika. Derartige Missionen waren stets minuziös vorbereitet, doch diesmal war alles ganz anders, noch viel toller nämlich: Sallinger wurde ein geradezu triumphaler Empfang bereitet. In jedem Dorf, das er erreichte, säumten zahllose Kinder und Erwachsene die Straße und winkten ihm begeistert zu. Die Ovationen schienen sich von Ortschaft zu Ortschaft sogar noch weiter zu steigern. Das tat dem kleinwüchsigen

Sallinger sichtlich gut, er richtete sich in seiner Limousine auf, die stolzgeschwellte Brust war plötzlich nicht mehr zu übersehen, ja, Sallinger erreichte dank des begeisterten Empfanges auch körperlich stattliche Größe.

Allerdings währte sein Hoch-Erlebnis nicht sehr lange: Allzu schnell stellte sich heraus, dass sich die (von der Regierung abkommandierte) „Jubel-Bevölkerung" geirrt hatte: Die Afrikaner erwarteten eigentlich den UNO-Generalsekretär, der entsprechende Fördergelder angekündigt hatte, Sallinger war nur zufällig (und zeitlich etwas früher als der UNO-Generalsekretär) auf der gleichen Route unterwegs gewesen …

Sallinger trug's mit Fassung und der ihm eigenen Selbstironie.

Noch viel heikler war eine andere Szene für Sallinger, die ich hautnah miterleben konnte: Im fashionablen Beverly Wilshire Hotel in Los Angeles fand ein Österreich-Ball für Millionäre statt, wo auch für soziale Anliegen Geld gesammelt werden sollte. Sallingers Aufgabe als höchster Repräsentant Österreichs war es, einige kurze Begrüßungsworte zu sprechen. Sallinger konnte vieles, Englisch gehörte jedoch nicht dazu.

Mühevoll rang er sich die ersten Worte ab, während die US-Hautevolee im Smoking gespannt und aufmerksam zuhörte. Sallinger stammelte: „Many …" Es folgte eine längere Pause. Trotz seiner dicken Hornbrille vermochte er seine Notizen nicht zu entziffern. „… greetings" folgte nach schon peinlich langer Pause. Und wiederum suchte Sallinger verzweifelt nach dem nächsten Wort. „to all …" Wieder eine noch längere Pause. Bis die Österreicher im Saal geschlossen „einflüsterten": „… to all of you."

Wäre mir das passiert, ich hätte vermutlich fluchtartig den Saal verlassen und hätte mich vor Scham irgendwo verkrochen.

Nicht so Präsident Sallinger: Er fasste sich nach dem Fauxpas ein Herz und begann auf Deutsch, diesmal mit Übersetzung, seine Lebensgeschichte zu erzählen: Wie er als kleiner Maurerlehrling begonnen hatte und wie er den Aufstieg mit vielen Entbehrungen, Einsatz und Begeisterung für „dieses Österreich“ geschafft hatte.

Und das Wunder geschah: Die zuvor pikiert dreinblickenden US-Plutokraten spendeten frenetischen Applaus. Sallingers schlichte, aber entwaffnend offene und ehrliche Art hatte voll ins „amerikanische Herz“ getroffen.

„Alle Achtung! Die Stadtverwaltung bemüht sich wirklich mit allen Mitteln, den öffentlichen Verkehr aufrechtzuerhalten …“

Lokales ♕ Chronik ♕ Adabei

Wolfgang Exel

Ausgeschaut wie ein Sieb ...

Nachdem ich zunächst als Wirtschaftsredakteur in die „Krone" eingetreten war, übersiedelte ich 1971 in den Lokalteil und hatte dort eine ziemlich bewegte Zeit.

Zum Beispiel „durfte" ich alle spektakulären Kriminalfälle der damaligen Zeit live miterleben. Neben den Steinausbrechern (Joschi Holaubeks legendärer Spruch: „Walter, fürcht di net, i bins, dein Präsident" bleibt unvergesslich), den Opec-Terroristen (da saß ich gerade gemütlich vor dem Fernsehapparat und sah einen der seltenen Siege des Hansi Hinterseer), den Marchegg-Terroristen und unzähligen Morden auch den Fall Dostal.

Dostal war ein irrer Waffennarr, der zunächst vier Gendarmen niedergeschossen und dann auf der Flucht mehrere Menschen ermordet hatte. Bei Altlengbach wurde er schließlich gestellt und ich war mit einem Fotografen zu dem Haus unterwegs, wo er sich verschanzt hatte.

Als wir näher kamen, hörten wir den wilden Schusswechsel. Bald war alles vorbei und Dostal tot. An einer Mauer klebten noch Blut und Hirnteile von ihm. Laut Gendarmeriebericht war er dreimal getroffen worden.

Als ich einen mit der causa befassten Gerichtsmediziner mit dieser Aussage konfrontierte, lachte er nur kurz auf: „Drei Schüsse glauben Sie? Der hat ausgeschaut wie ein Sieb ..."

Orakel von Döbling

Zum Glück gab es auch heitere Momente. Wir waren immer wieder dazu verdammt, „Wettergeschichten" zu verfassen. Wobei uns die Zentralanstalt für Meteorologie und Geodynamik auf der Hohen Warte mit Daten versorgte, die wir insgeheim als „Orakel von Döbling" bezeichneten.

Und so begab es sich, dass ein Kollege (sein Name tut nichts zur Sache. Er arbeitet heute als Chefredakteur in Salzburg) knapp vor Weihnachten mittels Aufmacher verkündete: „Heuer grüne Weihnachten!"

Zu der Zeit, als unsere Kolporteure diese betrübliche Nachricht auf den Straßen verbreiten mussten, ging allerdings in Wien ein sagenhafter Schneesturm nieder. Mit Schneewächten, die die Metergrenze überstiegen. Wir haben ziemlich rasch mutiert …

Der geschenkte Mord

Einige Jahre lang war ich Zimmerkollege eines Journalisten, der sich einen geradezu sagenhaften Ruf erworben hatte: Hans Konitschek. Spezialist für alles, wo Blut floss.

Der „Konerl" verteidigte sein Mord- und Totschlagsrevier recht eifersüchtig. Aber natürlich blieb uns anderen immer wieder nicht erspart, auch über blutige Geschichten zu berichten.

So war ich einmal im so genannten Frühdienst dazu verurteilt, eine Umbringung in Schwechat zu recherchieren: Ein betrunkener Mann hatte seine ebenfalls alkoholisierte Lebensgefährtin mit einer Bierflasche erschlagen.

An diesem Tag jedoch hatte Hans Konitschek Geburtstag. Er betrat die Redaktion recht grantig, weil er wusste, dass der Frühdienst die seiner Meinung nach guten Geschichten abräumt. Da hatte ich eine Gelegenheit, einen Menschen wirklich glücklich zu machen: „Konerl, in Schwechat hat es einen Mord gegeben!“ „Das weiß ich eh“, knurrte der Konerl.

Worauf ich mit Engelszungen erklärte: „Ich gratuliere dir zum Geburtstag und möchte dir den Mord schenken. Bist du bereit?“ Natürlich war er bereit und konnte sein Glück kaum fassen.

Hans Konitschek war berühmt für ganz besondere Formulierungen, um es vorsichtig auszudrücken. Eine möchte ich Ihnen nicht vorenthalten. Da musste er eine Vergewaltigung schildern. Er tat dies wie folgt: „Der Täter drückte die Frau gegen die Friedhofsmauer und dann zeigte er ihr sein wahres Gesicht …“

ALS ERSTE DURCH DEN SUEZKANAL?

Auch Reisen standen auf dem Programm. Eines Tages im Jahre 1975 betrat ein älterer Mann (etwa so alt wie ich heute) die Redaktion und erklärte, er wolle der erste Österreicher sein, der durch den wiedereröffneten Suezkanal segelt. Ob er davon berichten soll.

Ich war damals ziemlich urlaubsreif und entgegnete eher scherzhaft: „Was heißt berichten? Nehmen Sie mich mit!"

„Kein Problem", erwiderte der pensionierte Beamte aus dem Burgenland, „Platz ist genug." Sofort versuchte ich unserem Chef Hans Dichand die Sache schmackhaft zu machen. Ich stieß auf keinen Widerstand: „Ja, machen Sie das! Ich bin auch Segler, das wird eine tolle Geschichte!" Ich durfte sogar einen Fotografen mitnehmen (den mittlerweile leider verstorbenen Fritz Schaler).

Unser Kapitän segelte etwa einen Monat früher von Genua nach Kreta. Wir vereinbarten, uns zu einem bestimmten Termin in Heraklion im Jachthafen zu treffen. Was hätte da alles schief gehen können! Doch wir kamen erstaunlicherweise zur selben Zeit an. Der Käpt'n per Schiff und wir mit dem Flugzeug.

Von dort segelten wir quer über das Mittelmeer in Richtung Ägypten. Nach zwei Tagen Flaute – da ging es mir gut und ich fühlte mich wie ein echter Seebär – kam etwas Wind auf. Noch nie in meinem Leben war mir so schlecht.

Als wir uns eigentlich der Küste schon genähert haben sollten, stellte der Kapitän mittels Radiopeilung unsere Position fest und stutzte erbleichend: „Meinen

Berechnungen zufolge müssten wir jetzt mitten in der Sahara sein."

Schließlich aber schafften wir doch die Ankunft in Alexandria, einer hochinteressanten Stadt mit netten Menschen. Einer davon lud uns zum Abendessen ein. Mir wurden unter anderem kleine grüne Paprika serviert, die sie Felfel nannten. Angeblich wohlschmeckend. Ich habe unter dem Gelächter der Eingeweihten mehrere Liter Wasser getrunken, um das Höllenfeuer zu löschen.

Dann kam leider ziemlich starker Sturm auf. Wir konnten nicht mehr in Richtung Port Said auslaufen, um den Suezkanal nach Suez durchzusegeln. Was tun? Für Fritz und mich wurde die Zeit doch etwas knapp. Bei aller Großzügigkeit hätte uns Herr Dichand doch nicht wochenlang in Ägypten durchgefüttert.

Also trafen wir eine Notmaßnahme. Wir mieteten ein Taxi und fuhren quer durch die Wüste (mit spezieller UNO-Genehmigung, weil dort militärisches Sperrgebiet war) nach Ismailea, ungefähr in der Mitte am Suezkanal gelegen. Dort charterten wir ein ägyptisches Segelschiff, segelten in Richtung Port Said und dann zurück in Richtung Suez. Fritz machte sensationelle Aufnahmen von den Wracks aus dem Sechstage-Krieg und den im Kanal seit Jahren ankernden, riesigen amerikanischen Tankern. Wir hatten unsere Story, wenngleich auf Umwegen – ein spätes Geständnis.

Arzt mit Hilfe der Sterne

Irgendwann hatte ich genug von Mord, Totschlag, Großbränden, Entführungen, Unfällen und Rauschgifttoten. Ich begann, Medizin zu studieren. Als schon fortgeschrittenes Semester nahm ich an, vor Prüfungsangst gefeit zu sein.

Was für ein Irrtum! Ich schepperte wie das vielzitierte Kluppensackerl! Daher suchte ich Hilfe bei den Sternen. Unsere Frau Helga erwies sich als wahre Glücksbringerin. „Helga, ich bin im Sternzeichen Krebs und habe am Mittwoch Prüfung. Was sagen die Sterne?"

Die Sterne sagten an diesem Tag den Krebsen Folgendes: „Heute ist Ihr Glückstag! Sie erleben einen intellektuellen Höhepunkt. Nichts kann schief gehen!" Und es ging nichts schief.

Halt, zweimal doch! Da fiel ich durch mit Bomben und Granaten. Allerdings hatte ich da vergessen, bei Frau Helga vorstellig zu werden. Selbst schuld ...

Forellen als Fussballer

An heiteren Reportagen ist mir noch erinnerlich, wie uns jemand in der Redaktion anrief und behauptete, er habe zahme Forellen, die Fußball spielen könnten.

Schon die Vorstellung, dass es Fische mit Füßen geben könnte, reizte mich ungemein. Ich machte mich also auf den damals noch recht langen Weg nach Oberösterreich und besuchte den Forellen-Coach.

Und tatsächlich: Der Mann hatte einen Bach neben seinem Haus, in dem es von Forellen wimmelte. Über das Wasser hatte er Tore aufgehängt (ähnlich wie beim

Wildwasserpaddeln). An einen Stock befestigte er eine Schnur, an der gemeinsam mit einem kleinen Ball ein armer Regenwurm hing. Kaum hielt er den Ball vor ein Tor, schnellte eine Forelle hoch und köpfelte den Ball im Bemühen, den Wurm zu erreichen, ins Tor.

Seine Forellen trugen die Namen der zu dieser Zeit populären Kicker: Gerd Müller, Beckenbauer, Pelé usw. Vielleicht sollte man unseren kickenden Armutschkerln auch etwas vors Tor hängen?

Frau mit gesunder Prostata?

Später, schon als Arzt, hatte ich naturgemäß guten Zugang zu Ärztekreisen und lernte viele nette Kolleginnen und Kollegen kennen. Mit einigen arbeite ich auch gut zusammen. So schickte ich einmal eine Redaktionskollegin wegen eines Harnwegsinfektes zu einem befreundeten Urologen zwecks Abklärung. Der schickte mir den Befund.

Es war sogar mehr als alles okay. Denn auf dem Zettel stand unter anderem: Prostata oB (ohne Befund, also gesund). Eine Frau mit gesunder Prostata? Ich rief den Kollegen an und konfrontierte ihn mit diesem Umstand: „Ist mir da auf der Doktorschule vielleicht etwas entgangen?" „So ein Blödsinn!", ärgerte sich der Facharzt, „da hat meine Assistentin automatisch ein Kreuzel gemacht, weil ich natürlich nichts hingeschrieben habe." Ich nahm die Erklärung zur Kenntnis, bringe den Mann aber heute noch ab und zu zum zarten Erröten, wenn ich boshafterweise auf diese Geschichte hinweise.

Justizgorilla gefasst!

Ab und zu geht auch in der „Krone" der Druckfehlerteufel um. Aber was der seligen „AZ" einst passiert ist, kann diesem Ungeheuer vermutlich nicht angelastet werden. Da hat einmal ein Feuerteufel (um bei den Teufeln zu bleiben) in Niederösterreich sein Unwesen getrieben. An den Tatorten hinterließ er stets einen Zettel mit dem Hinweis: „Der Justiz-Guerilla hat wieder zugeschlagen."

Dann entlarvte man den (mutmaßlich) armen Teufel und die „AZ" verkündete in einem relativ großen Schriftgrad: „Justizgorilla endlich gefasst!"

Vieles gäbe es noch zu berichten. Von den Wunderheilern auf den Philippinen, von den Erdbeben in Friaul und Rumänien, von unzähligen Begegnungen mit interessanten Menschen. Aber da müsste ich wohl ein eigenes Buch schreiben.

Karl Grammer

Die „verschwundene“ Ehefrau

14 Uhr – jene Zeit, in der die Produktion auf Hochtouren läuft. Plötzlich steht ein junger Mann nervös in der Tür, er hält ein Bild in den Händen. „Meine Frau wird vermisst. Ich weiß nicht, wo sie ist“, klagte er einem jüngeren Redakteur aus Niederösterreich. Trotz seiner Arbeit bot er dem Gast einen Platz an: „Setzen Sie sich her.“ Dann hörte sich der Journalist die Story an. Ein älterer Kollege hört aufmerksam zu, witterte eine gute Geschichte und meinte: „Haben Sie etwas dagegen, wenn wir auch Sie fotografieren?“

Der Besucher stutzte: „Wozu brauchen Sie ein Bild von mir?“, fragte er. Den Kollegen ritt der Teufel. Salopp meinte er: „Sie könnten Ihre Frau umgebracht haben und wollen uns jetzt auf eine falsche Fährte locken.“ Das war Freitagnachmittag. Die Geschichte erschien nicht.

Sonntag war der Mann in Haft. Er hatte tatsächlich seine Frau umgebracht.

„Krone“-Redakteure haben einen guten Riecher …

Untätige „Damen“

Samstag ist erfahrungsgemäß jener Tag, an dem alle Anfragen in der Wien- oder der Niederösterreich-Redaktion landen – egal, ob es um einen Artikel oder ein Inserat geht. Diesmal war eine resolute Dame am Telefon. Sie regte sich furchtbar auf, dass wir ihre Telefonnummer falsch abgedruckt hätten.

Verzweifelt versuchte die „Krone“-Sekretärin der Anruferin zu erklären, dass in der Anzeigenabteilung am Samstag niemand zu erreichen sei. Die Dame schnappte nach Luft und schrie lautstark in den Hörer: „Was glauben Sie eigentlich? Ich habe extra fünf Frauen aus der Slowakei kommen lassen. Die sitzen jetzt untätig bei mir herum. Das ist ein Verdienstentgang von mindestens 5000 bis 7000 Euro. Wer ersetzt mir das?“

Peter Grotter

Elfriede Blauensteiners Vermächtnis

Einer der spektakulärsten Prozesse der vergangenen Jahrzehnte war sicher der gegen Elfriede Blauensteiner – wegen ihrer Taten und vor allem wegen der Person der Angeklagten. Denn Mörder sehen meist anders aus ...

Eine reizende alte Dame, durchaus passend für jedes Kaffeekränzchen bei einer Hofratswitwe oder den entspannten Bridgeabend in einem Wiener Innenstadt-Cafe – diesen Eindruck erweckte Elfriede Blauensteiner zu Beginn des Verfahrens im Landesgericht Krems. Nur die Justizwachebeamten, die stets an ihrer Seite blieben, die wirkten fast ein wenig deplatziert. Und dann erst der Staatsanwalt mit seinen schrecklichen Vorwürfen. Doch je länger das Verfahren dauerte, desto mehr bröckelte die Schminke ab. Und die anfangs so verbindlich und nett wirkende Mitsechzigerin wurde zu dem, was sie war: eine der grausamsten Mörderinnen der österreichischen Kriminalgeschichte.

Für Elfriede Blauensteiner war es der Auftritt ihres Lebens, als sie in Krems in den Gerichtssaal geführt wurde. Das Kreuz in der Hand zu halten war nicht ihre eigene Idee, so hörte man später. Jemand hatte es ihr zugesteckt. Die Dame mit dem Hang zu älteren Herren mit Vermögen nahm es gerne. Sinn für mediale Inszenierung konnte man ihr ja nicht absprechen. So streckte sie das Kreuz auch, umringt von Kameras und Fotografen, fast drohend in den Himmel und rief: „Gott alleine weiß, dass ich schuldlos bin." Und Jesus am Kruzifix hoch oben hinter dem Richtertisch schloss schmerzverzerrt die Augen. Aber das sah niemand im allgemeinen Trubel. Alle konzentrierten sich nur auf die Angeklagte, die völlig ruhig wirkte. Ruhiger als so mancher Reporter. Einer gab ihr die – verschwitzte – Hand. Und Elfriede Blauensteiner konterte sofort: „Sind Sie nervös, junger Mann, ich bin es nicht.“ All das ereignete sich während einer Art „Pressekonferenz“, die die Angeklagte vor Prozessbeginn halten durfte.

Ein Umstand, der später gerichtsintern für einige Aufregung sorgte.

Mit dem gerichtsmedizinischen Gutachter plauderte sie in Verhandlungspausen gerne und hätte gerne noch viel mehr geplaudert. Sie bot sogar an, all ihr in vielen Jahren erworbenes Wissen über ein zuckersenkendes Mittel, mit dem sie ihre Opfer auf so heimtückische Weise getötet hatte, preiszugeben. Dr. Christian Reiter gab zu:

„Natürlich weiß die Frau in gewisser Hinsicht so viel darüber wie wohl niemand.“

Trotzdem lehnte er, verständlicherweise, dankend ab.

Die Verurteilung zu lebenslanger Haft hat sie fast kommentarlos zur Kenntnis genommen. Dann verschwand sie hinter den Mauern der Strafvollzugsanstalt Schwarzau. Wurde dort als „Mutter der Kompanie“ liebevoll „Elfi-Tant“ genannt. Und traf man sie später bei Medienprozessen, bei denen sie als Zeugin aus der Haft vorgeführt wurde, so versicherte sie stets: Es ginge ihr gut, sie hätte dort ihre Ruhe gefunden und würde mit Hingabe in der Küche arbeiten.

Als Köchin war Elfriede Blauensteiner angeblich unerreicht. Und sie gab auch gerne ihr Wissen weiter. Einer Gutachterin verriet sie einmal bei einem Gespräch ein spezielles Rezept für Palatschinken. Es soll im Haus der Expertin noch heute sehr beliebt sein. Die Kinder lieben die „blauen Palatschinken", wie die Speise hausintern genannt wird.

Für Elfriede Blauensteiner bedeutete „lebenslänglich" wirklich lebenslang. Sie starb im November 2003 an einem Gehirntumor. Ein Gutachter äußerte die Vermutung, möglicherweise hätte der Tumor schon längere Zeit ihr Wesen verändert und zu ihren grausamen Taten beigetragen. Nähere Untersuchungen freilich fanden nie statt. Dieses letzte Geheimnis nahm Elfriede Blauensteiner mit ins Grab ...

Aufregung bei Gericht

Große Aufregung herrschte einmal in einem Wiener Gerichtsgebäude:

Die Kaffeeversorgung war gefährdet. Die Angestellte, die um acht Uhr das Lokal mit dem Schlüssel öffnen sollte, war erkrankt. Die Kollegin stand vor verschlossener Türe. Was also tun? Einen Schlüsseldienst holen? Viel zu kompliziert, entschied man bald. Man hatte die Fachleute ja im Haus. Schnell wurde ein Einbrecher aus dem angeschlossenen Gefangenenhaus herbeigeholt. Und zehn Sekunden später war die Türe offen. Eine sicher ungewöhnliche Lösung, aber sehr praktikabel. Und für den Mann der erste „Einbruch", der ihm garantiert keine Strafe einbrachte, sondern eher Dankbarkeit. Und das auch noch in einem Gerichtsgebäude …

Amtsverschwiegenheit

Informationen über Urteile nach langen Prozessen in den Abendstunden zu bekommen, das war, als das Handy noch nicht erfunden war, eine mühsame Sache: Niemand war mehr erreichbar. Und die, die erreichbar waren, wussten es oft nicht oder durften es im Hinblick auf die Amtsverschwiegenheit nicht sagen. Doch einmal nach einem spektakulären Mordverfahren, da war alles ganz anders: Anruf bei Gericht. Es meldete sich das Gefangenenhaus. Frage des Reporters an den Beamten: „Tschuldigung, wissen Sie zufällig, was der Herr Sowieso bekommen hat?"

Der zögert nicht lange und gibt die Frage weiter – an den Verurteilten, der offenbar ebenfalls neben dem Telefon saß. „Franz, was hast denn kriegt?", war durch den Telefonhörer zu vernehmen und dann ganz kleinlaut die Antwort: „Zwölf Jahre." Der Beamte zum Reporter:

„Haben Sie gehört? Zwölf Jahre, sagt er, hat er kriegt." Und das war nun wirklich eine Information aus erster Hand.

Strafverteidiger sind innerhalb der Anwaltschaft ein ganz eigenes Grüppchen. Es bedeutet schließlich einen wesentlichen Unterschied, im stillen Kämmerchen einen komplizierten Vertrag auszuarbeiten oder vor einem Geschworenengericht die Motive eines Mörders darzulegen. Während die einen es fast als schädigend erachten, im Licht der Öffentlichkeit zu stehen, haben Strafverteidiger das gerne.

„Klappern gehört zum Geschäft", heißt schließlich ein altes Sprichwort. Und ein bisschen übertreiben wohl auch. Vergangen sind die Zeiten, als ein Anwalt den legendären Dr. Stern wegen unlauteren Wettbewerbs klagte, weil dieser ein Schild in seiner Kanzlei hängen hatte.

Die Aufschrift lautete: „Unmögliches wird sofort erledigt, Wunder dauern etwas länger." Jahrzehnte ist es auch her, als ein bekannter Anwalt einen Juristen beschäftigte, der später in Insiderkreisen „Teppichläufer" genannt wurde. Seine Aufgabe: Wenn ein Klient vor dem Kanzleichef zerknirscht seine Taten schilderte, hörte der Kollege zunächst ruhig zu, begann dann wie wild über den teuren Perser zu rennen und rief: „Jessas, des is ja die Höchststraf."

Der Prozess endete dann meist mit einem ganz normalen Urteil und NICHT mit der Höchststrafe, doch die Erleichterung beim Mandanten war übergroß.

Und die Zahlungswilligkeit auch.

Der Strafverteidiger und sein Mandant – das ist überhaupt ein eigenes Kapitel: Jeder Kriminelle hat spezielle Vorstellungen, wie sein Anwalt aufzutreten hat. Mitglieder der Unterwelt meinen zum Beispiel, der Mann, der sie vertritt, müsste im schönsten Hochzeitsanzug vor Gericht erscheinen. So wird beim Prozess gegen eine „Gürtelgröße" stets das feine graue Tuch samt Gilet aus dem Kasten geholt, während es sonst der elegante, aber durchaus normale Straßenanzug auch macht.

Und wenn beim Handy eines Anwaltes als Rufton der „Godfather Waltz" aus dem Film „Der Pate" erklingt, lässt das darauf schließen, wen der Jurist üblicherweise verteidigt. Man muss schließlich im gewünschten Rollenbild bleiben.

Erfahrene Strafverteidiger erfüllen vor Gericht aber oft so gar nicht jene Vorstellungen, die man sich landläufig von einem „guten Anwalt" macht. Das ist einer, der Zeugen durch gefinkelte Befragung völlig aus der Fassung bringt, würde man denken.

Ganz im Gegenteil: Da gibt es einen sehr erfolgreichen, der sitzt oft still und leise auf seinem Platz und glänzt – durch Schweigen. Die Erklärung: Zu viele Fragen an Zeugen zu stellen kann für den Mandanten schlimme Folgen haben. Als Grundsatz gilt: „Stelle nie eine Frage, bei der du die Antwort nicht weißt."

Nächste Anwaltsweisheit: In einem Mordfall zu verteidigen, bei dem es keine Zeugen gibt, lässt Spielraum für Interpretationen.

Schwierig wird es dagegen bei einer Anklage wegen Mordversuchs. Überraschende Begründung eines Juristen:

„Da lebt ja das Opfer" und spricht bisweilen auch, was den Spielraum für die Verteidigung einschränkt.

Wenig Begeisterung löst bei Klienten die manchmal angewendete Brachialstrategie aus. So verkündete ein Anwalt im Plädoyer: „Tut mir leid, dass ich das sagen muss: Aber mein Mandant ist ein Trottel." Der Angesprochene krümmte sich schmerzverzerrt auf der Anklagebank und genützt hat es ihm auch nichts.

Höchst peinlich endete der Auftritt eines Anwaltes in einem Raubprozess: Er schlief betrunken ein. Der Richter unterbrach die Verhandlung und alarmierte einen Vertreter der Rechtsanwaltskammer. Der weckte den Kollegen aus seinem seligen Schlaf und schleppte ihn aus dem Verhandlungssaal. Doch das war ein Einzelfall.

Üblich sind bei Anwälten durchgeplante 14-Stunden-Tage.

Und selbst mit Fieber und anderen Leiden schleppen sie sich zum Wohle ihrer Mandanten ins Gericht.

Hans-Peter Hasenöhrl

Wie die Cobra zu ihrem Namen kam

Einsatzkommando in Wiener Neustadt? Kennt kein Mensch.

Cobra? Alles klar, unsere Elite-Polizisten und Anti-Terror-Spezialisten.

Wie aber kam die Cobra zu ihrem Namen? Die „Krone“ war Taufpate.

Da war diese Elitetruppe noch weitgehend unbekannt. In einer Schule bei Bad Vöslau hatte sie ihr Quartier. Mit dem Kommandanten Johannes Pechter verband mich eine langjährige Freundschaft. So wusste ich, dass der Funkcode des Kommandos Skorpion lautete.

Als ich eine kleine Reportage darüber schreiben wollte, flehte mich Pechter an: Nur ja nicht den richtigen Namen, Skorpion sollte keiner erfahren.

Dann müssen Sie uns einen anderen Namen geben, entgegnete ich. Gendarmerieeinsatzkommando sei doch etwas sperrig. Irgendwas mit Tieren vielleicht? Wir rätselten herum, aber alles passte nicht oder klang seltsam.

Skorpion und Schlange – das passt doch zusammen, fiel Pechter plötzlich ein. Einen richtigen Namen brauch ich, sagte ich ungeduldig.

Cobra – das ist es – fiel es dem Kommandanten ein – schreibens Cobra, das kennt jeder von der amerikanischen Serie im Fernsehen.

So geschah es. Und inzwischen ist Cobra ja schon der offizielle Name unserer tüchtigen Anti-Terror-Einheiten geworden.

Die „Krone"-Feuerwehr

In den Niederungen der Salzburger Kommunalpolitik: Da stritten sie also wieder. Diesmal ging es um die angeblich kostspielige Renovierung einer Feuerwache.

Die einen: Kein Geld! Die anderen: Sparen auf Kosten der Sicherheit! Die dritten: Ein falsches Projekt! Die Feuerwehr ratlos: Zwischen zwei politische Fronten geraten. Und das knapp vor dem Wahlkampf.

Irgendein Politiker hatte die zündende Idee: Wir machen ein Bürgerbegehren, wenn viele unterschreiben, dann müssen die anderen das Geld hergeben. Dann zeigen wir's dem Bürgermeister.

Feuerwehrleute riefen mich an. Sie hatten Angst unter die Räder der Parteipropaganda zu kommen. Ich riet ihnen: Sagt das teure Bürgerbegehren ab, vergesst die Sache mit der Renovierung und legt den Politikern doch das Projekt einer neuen kleinen Feuerwache vor, die ihr ohnehin schon so lange geplant habt.

Das Unerwartete geschah: Froh, aus diesem ganzen Strudel von Streitigkeiten zu entkommen, versenkte die Politik das Vorhaben der Renovierung und stampfte binnen eines Jahres die neue Wache in Salzburg-Liefering aus dem Boden.

Es war die erste Neugründung einer Feuerwehr in Salzburg seit Kriegsende und die „Krone“ ist ein wenig stolz darauf. Immerhin waren wir Geburtshelfer.

Josef Meinrad in Panik

Wer erinnert sich nicht an Josef Meinrad? Den großen Burgschauspieler und Ifflandring-Träger. Unnachahmlich in Nestroys „Jux“ als Handlungsgehilfe Weinberl oder als Don Quichotte im Musical von Dale Wasserman. Pepi Meinrad liebte seine Frau Germaine über alles.

Als sie wegen eines Verkehrsunfalls vor Gericht musste, war er außer sich. Lokalaugenschein in Wien-Währing. Josef Meinrad kalkweiß im Gesicht, Schweißperlen auf der Stirn, fahrige Bewegungen. „Ja, aber warum sind Sie so nervös? Sie sind doch schon so oft auf der Bühne gestanden“, frage der Verkehrsrichter Maier.

„Ja, auf der Bühne wissen wir, dass alles Schein ist“, stöhnte Josef Meinrad auf, „aber hier beim Lokalaugenschein ist es das wirkliche Leben.“

BAWAG: Schon in der Karibik gewesen?

Ein Gespräch unter Gewerkschaftsmitgliedern in BAWAG-Zeiten wie diesen. „Warst du schon einmal in der Karibik?“, fragte der eine. „Nein, aber meine Beiträge“, erzählte der andere – nicht ohne Galgenhumor.

Der Papst in der Sauna

Die Römer lieben ihre Päpste. Egal, ob Italiener, Polen oder Deutsche. Aber sie machen auch so ihre Späße: Blasphemie? Keine Spur. So etwa über einen Saunabesuch von Johannes Paul II. und Josef Ratzinger. „Mir hat es gut gefallen. Gehen wir morgen wieder?", fragte Karol Wojtyla seinen Nachfolger in spe. „Nein, morgen ist gemischte Sauna", gab der künftige Benedikt XVI. zu bedenken. „Ach, wegen ein paar Evangelischer – das macht doch nichts", insistierte der polnische Papst.

Wittgenstein und der überfahrene Hund

Er war der größte Philosoph Österreichs – vielleicht der ganzen Welt: Ludwig Wittgenstein. Und er wusste seine Genialität ins rechte Licht zu setzen – zu inszenieren. Wenn er Hemden mit aufgeknöpftem Kragen trug oder sich mit der flachen Hand auf die Stirn schlug, ahmten ihn viele Studenten nach. Das sind halt seine menschlichen Schwächen gewesen.

Eine seiner Verehrerinnen, Fania Pascal, musste sich in der Evelyn-Privatklinik in Cambridge die Mandeln nehmen lassen. Wittgenstein rief an, um sich zu erkundigen, wie es ihr gehe. Fania krächzte in den Telefonhörer: „Ich fühle mich wie ein Hund, der überfahren worden ist." Der große Philosoph reagierte darauf empört, ja wütend: „Du hast doch keine Ahnung, wie sich ein überfahrener Hund fühlt."

Kardinal König als gesottener Krebs

Franz König schrieb seine Maturaarbeit in Latein über „Die Frauen im Zeitalter Homers". Sie war so beeindruckend, dass er ein Stipendium nach Rom angeboten bekam: An die Gregoriana, die Jesuiten-Universität. „Die Studenten wohnten damals im ‚Collegium Germanicum' und trugen einen roten Talar", erzählte Kardinal Franz König schmunzelnd, „die Römer bezeichneten uns deshalb als ‚Gamberti Cotti' – was so viel wie ‚gesottene Krebse' heißt".

Darf ein Christ nicht denken?

Kardinal Christoph Schönborn wagte es, in einem Gastkommentar in der „New York Times" zur Evolution Stellung zu nehmen. Er ging dabei hart mit den so genannten Neo-Darwinisten ins Gericht, für die Evolution ein ungeleiteter, nicht geplanter Prozess mit Mutationen und Selektionen ist. „Wir glauben, dass Gott die Welt nach seiner Weisheit erschaffen hat. Sie ist nicht das Ergebnis irgendeiner Notwendigkeit, eines blinden Zufalls", insistierte der Wiener Erzbischof. Mehr brauchte er nicht zu sagen. Christoph Schönborn wurde von Genetikern, Biologen weltweit als „Reaktionär" bezeichnet, der „die Erkenntnisse der Wissenschaft" leugnet, das „Rad der Geschichte zurückdrehen" will. Ob er es schon bereut, diese Diskussion losgetreten zu haben? Schönborn lachte hell auf: „Überhaupt nicht. Im Gegenteil. Darf denn ein Christ nicht denken?"

Hans Licha

Im Gerichtssaal erlauscht

Lustig geht's im Gerichtssaal, vornehmlich bei Strafprozessen, selten zu. Aber, weil vor Gericht grundverschiedene Ansichten, Ausdrucksformen und vor allem Dialekte von Richtern, Anklägern, Verteidigern, Angeklagten und Zeugen aufeinander prallen, kommt es zu manch skurriler Szene. Hier einige Beispiele zum Schmunzeln.

Aussage und Protokoll – gleicher Inhalt, verschiedene Ausdrucksweisen

Mitangeklagter, im Prozess gegen seinen Freund, der eine Brandstiftung gestand, auf die Frage des Richters, warum er den Freund nicht davon abgehalten habe: „I hob zum Gerhard eh g'sagt: ‚Wenn'd eppes anzünd'n willscht', dann wenigstens lei an Mullkübel und nit gleich an Bauernhof!'"

Richter (zur Schreibkraft): „Protokollieren Sie: ‚Ich schlug dem Erstangeklagten Alternativmöglichkeiten zu seinen Plänen vor.'"

Milieubedingte Unmutsäusserungen

Richter zum Angeklagten, der laut Anklage die Mutter seiner Ex-Freundin mit „I hack' di um, du Sau!" bedroht hat: „Warum ließen Sie auf offener Straße, beim Eingang eines Geschäftes, vor der Mutter Ihrer Ex-Freundin und deren 11-jähriger Tochter die Hose herunter?"

Angeklagter: „I hab' ihr halt mein' Blanken zoag't!"

Richter: „Ja schon. Aber warum?"

Angeklagter: „Weil, dass i ihr den Stinkefinger zoag't und zu ihr g'sagt hab': ‚Halt' die Gosch'n, du schiache Larv'n!', war offenbar noch zu wenig!"

Die Geschichte vom Banana-Joe

Richter (in fortgesetzter Verhandlung um Drogenverkauf): „Warum, Herr Angeklagter, unterschrieben Sie Ihre Briefe, die Sie nach unserer letzten Verhandlung aus dem ‚Ziegelstadl' (Innsbrucker Justizanstalt) an mich richteten, mit ‚Banana-Joe' und nicht mit Ihrem richtigen Namen oder wenigstens mit Ihrem richtigen Spitznamen?"

Angeklagter: „Weil mir der vom ‚Tiroler-Krone'-Reporter in sein' Bericht redaktionell aus medienrechtlichen Gründen geänderte Spitzname ‚Banana-Joe' viel besser g'fall'n hat als wia mein früherer Spitzname ‚Äpfel-Toni'!"

Ein „leichter“ Volltreffer

Richter: „Herr Angeklagter, Ihr Widerpart beim Politisieren am Gasthaustisch beklagt dank Ihres Faustschlages, den Sie ja zugeben, einen verschobenen Nasenbeinbruch, der operativ behandelt werden musste. Somit eine an sich schwere Verletzung! Was sagen Sie dazu?“

Angeklagter (ehemaliger Amateur-Boxmeister): „Geah, geah, operativ! Der soll si hoamgeig'n lass'n! A schware Verletzung? Dass i nit lach', Herr Rat! Der spielt si vor Gericht genau so auf als wia im Gasthaus! I hun amol vom deitschen Moaschta genau dieselbe auf die Nanni kriagt. Mei Gumpf isch nach links wegg'standen! I hun die Nas'n packt, in die Mitt'n umerd'raht und guat gangen! Des isch beileibe koa schware Verletzung nit!“

Robin Hood und der Sheriff von Nottingham

Richter: „Angeklagter, etliche Prostituierte behaupten, Sie nähmen sie aus wie Weihnachtsgänse! Kassierten ein horrendes Standgeld und verlangten EUR 100 pro Nacht für die Miete.“

Angeklagter: „Herr Richter, diese Aussagen sind schamlose Lügen! Wissen Sie, wie man mich im horizontalen Gewerbe nennt? Nein? Ich bin für meine Mädchen der ‚Robin Hood des Rotlichtmilieus‘!“

Richter: „Warum das, Herr Angeklagter?“

Angeklagter: „Weil ich für sie so ein großes Herz habe und ihnen jeden Wunsch erfülle. Also, fast jeden."

Staatsanwalt: „Jetzt reicht's mir aber! Wenn Sie der Robin Hood sind, dann bin ich der Sheriff von Nottingham! Und als solcher fordere ich eine massive Haftstrafe! Wie Ihre Strafe zu Robin Hoods Zeiten ausgefallen wäre, daran will ich gar nicht denken!"

Eine ungefährliche Drohung

Angeklagter (1,60m, 58 Kilo), in einer Prozesspause zum „Tiroler-Krone"-Reporter (1,90m, 105 Kilo): „Ma, du Schwein! Was du gestern über mi g'schrieb'm hasch, ischt ein Skandalbericht! Pass lei auf, wenn i dich amol alloan derwisch, dann schlag' i di her!"

„Krone"-Reporter: „Dazu bist du aber leider in der falschen Gewichtsklasse!"

Staatsanwalt (der dahinter stand und alles mithörte): „Vorsicht, Herr Angeklagter! Ihre Anklage kann gleich ausgedehnt werden. Aber keine Angst. Bei den Größenverhältnissen zwischen euch beiden kommt eine Anklage wegen gefährlicher Drohung ohnehin nicht in Frage."

Bei Anruf: Zorn des Richters gegen ORF!

Im übervollen Schwurgerichtssaal des Landesgerichts läutet während der Verhandlung plötzlich das Telefon. Der Vorsitzende hebt ab, erbleicht, starrt ungläubig ins Publikum und schreit ins Telefon: „Hab' ich das jetzt richtig verstanden? (Hebt die Stimme): Ist da der ORF am Apparat? Was bilden Sie sich eigentlich ein, hier anzurufen! Hier ist kein Wirtshaus, sondern eine Schwurgerichtsverhandlung!" (Haut den Hörer auf die Gabel, dass es scheppert.)

Betretene Pause, totale Stille im Saal.

Dann der Richter: „Ist hier vielleicht eine Ulrike Gogl (Name geändert) vom ORF im Saal?" Schüchtern zeigt die Dame auf: „Ja, hier."

Der Richter: „Irgendjemand von Ihrem Verein lässt Ihnen ausrichten, Sie mögen dringend anrufen!"

Daten und Namen sind Schall und Rauch (leider gar nicht lustig)

Richter (zu einem wegen Schlepperei angeklagten Iraker): „Welcher Ihrer drei Namen, die Sie bei Ihren drei Asylanträgen in drei verschiedenen Ländern angaben, ist richtig?"

Angeklagter: „Gar keiner!"

Richter: „Und wie lautet Ihr Geburtsdatum?"

Angeklagter: „Welches, Herr Richter? Das richtige oder die drei falschen?"

Richter: „Kann es sein, dass Sie mich pflanzen wollen?"

Angeklagter: (antwortet nicht und schaut nur treuherzig drein).

Ein Staatsanwalt sieht rot!

Der Staatsanwalt erklärt einer Schulklasse, die sich eine Verhandlung angehört hat, das „Who is Who“ im Gerichtssaal: „Der Herr da vorn ist der Richter. Er trägt eine schwarze Soutane mit Violett, weil Violett die Farbe der Kirche ist. Die Robe des Staatsanwalts ist teilweise rot, denn ein Staatsanwalt will immer Blut sehen! Das ist seit der Französischen Revolution so, wo der Ankläger direkt neben der Guillotine stand. Der Mantel des Verteidigers ist nur schwarz, weil die Verteidiger vor Gericht immer verlieren und daher Trauer tragen müssen.“

„Und wer ist der Herr da hinten?“, fragt ein Schüler und zeigt auf den „Krone“-Reporter Hans Licha.

Staatsanwalt: „Das ist der Franz Litschka vom „Kurier“, der oft die Namen und Vornamen der Richter und Staatsanwälte verwechselt!“

Amerikaner bei Mordprozess eingesperrt

Schauplatz Innsbrucker Gericht: „Mord an einem Tiroler und einem Bayern durch einen Tiroler im US-Bundesstaat Virginia!“, hieß es vor Jahren. Zum Prozess in Innsbruck gegen einen mordverdächtigen Tiroler reiste auch Dave Chernecky, Reporter des „Daily Mirror“, aus den USA an. Nach einem Prozesstag, der erst um 22.30 Uhr endete, musste Dave dringend aufs WC. Als er fertig war, war's leider zu spät: Die Justizwache hatte das Gericht schon geschlossen. Und der arme Dave war eingesperrt. Damals gab's noch keine Handys. Im Landesgericht war nur eine Telefonzelle mit Einwurf von 1-Schilling-Münzen ...

23.05 Uhr, in der Wohnung des „Krone“-Reporters, der Dave Chernecky für die Dauer des Prozesses aufgenommen hatte und bereits besorgt auf den verschwundenen Kollegen wartete. Das Telefon läutet: „Hey, Hans, this is Dave, I'm locked in the Courthouse! I've got only one more Schilling!“ (Ich bin im Gericht eingesperrt. Ich habe nur mehr einen Schilling!) – Tü-tü-tü-tü. Der „Krone“-Reporter ruft bei der Polizei an: „Sie haben einen Reporter-Kollegen im Landesgericht eingesperrt. Bitte, befreien Sie ihn!“ Der Polizist: „Wie bitte? Woher wollen Sie wissen, wen wir eingesperrt haben? – Bitte Moment, das andere Telefon läutet gerade.“ (Der Polizist hebt ab) „Da redt ouner Englisch! I versteh' lei: ‚A Lok im Kartenhaus‘! – (O-Ton: „I'm locked in the Courthouse!“) Und: ‚Ai hev no mor Schilling'. Wahrscheinlich a b'soffener Engländer.“ –

Mit Mühe gelingt es dem „Krone“-Reporter, der Daves markante Stimme auch im Neben-Telefon erkannte, dem Polizisten den Sachverhalt zu erklären. Um 0.20

Uhr war Dave Chernecky wieder ein freier Mann. Tags darauf titelte „Krone“-Reporter Werner Kriess: „Mordprozess in Endphase – US-Reporter eingesperrt!“

Mann in Frauenkleidern vor Gericht

In einem wunderhübschen blauen Spitzenkleid, das bei jeder Bewegung rauschte, stand eine „reifere Dame“ phantastisch geschminkt vor Richter Josef vulgo „Sepp“ Geisler am Innsbrucker Landesgericht. Der Eau-de-Cologne-Duft, der von ihr ausging, war süß, aber etwas zu penetrant, sodass Sepp die Nase rümpfte. „Sie heißen?“, fragte er die Angeklagte. „Bruno Lottersbach!“, antwortete ihm eine sonore Bass-Stimme. Der Richter schaute ungläubig auf. „Sie sind ja ein Mann! Haben Sie nichts Gescheites zum Anziehen daheim? Wieso kommen Sie mit solchen Kleidern zu Gericht?“ „Weil ich ein überzeugter Transvestit bin“, sagte der Angeklagte. „Machen Sie Ihre Drogengeschäfte auch in Frauenkleidern?“, wollte der Richter wissen. „Das ist eine Frage der Intimsphäre, das geht Sie gar nichts an!“, schnauzte Bruno mit einem betörenden Aufschlag seiner aufgeklebten, zentimeterlangen Wimpern. Und während er seine langen, violett gestrichenen Fingernägel begutachtete, fügte er hinzu: „Jeder hat eben seinen eigenen Spleen.“ Genützt hat das Bruno wenig. Wie viele andere wurde er wegen Drogenverbrechen zu Haft verurteilt.

Dem Richter Sepp einen Bären aufgebunden

Der selbe Richter Josef vulgo Sepp Geisler verhandelte einmal gegen Viktor C, den Grandseigneur des Tiroler Rotlichtmilieus. Ein Gentleman vom Scheitel bis zur Sohle. Wenn er einen medialen Bericht kritisierte, in dem er als Hauptakteur (Hauptangeklagter) weniger gut ausstieg, sagte er zum „Krone"-Reporter nicht, wie etliche „G'scherte" aus seinem Milieu: „He, du Schmierfink! Wenn'd no amol so an Kas zamm'schreibst, scheppert's in deine Zähnd!" Er pflegte zu sagen: „Herr Redakteur! Wir wollen doch bei der Wahrheit bleiben! Ich meine, Ihre Berichte sind leider nicht von der vom Mediengesetz geforderten Ausgewogenheit getrübt. Wollen Sie doch bitte in Hinkunft den Argumenten des Staatsanwalts und meinen ausführlichen Gegenausführungen in etwa den gleichen Platz einräumen." –

In einer seiner zahlreichen Prozesse fragte Richter Geisler Viktor C. Folgendes: „Herr Angeklagter. Vor der Polizei sagten Sie laut Protokoll aus: ‚Und dem Sepp vom Landesgericht habe ich auch schon so manchen Bären aufgebunden!' Meinten Sie mit diesem ‚Sepp' etwa mich?" – „Aber wo denken Sie denn hin, Herr Rat?", antwortete Viktor C. „Ich meine, wir wollen doch bei der Wahrheit bleiben! Ich schätze und respektiere Sie, seit wir uns kennen. Sie sind einer der wenigen geraden Michel in unserem Geschäft, Herr Rat. Da könnte ich Sie doch niemals derart desavouieren, oder was glauben Sie?" – „Ich glaube, dass Sie mir soeben einen Bären aufgebunden haben", sagte Richter Sepp.

Hannes Mößlacher

Von wegen herzlose Fotografen!

„Achtung auf der Südautobahn beim Knoten Klagenfurt-Ost, es hat sich eine Entenfamilie auf die Fahrbahn verirrt“. Diese Meldung aus dem Radio-Verkehrsfunk alarmierte die Kärntner Redaktion. Sofort wurde ein Team losgeschickt: Tierschutz-Redakteurin Claudia Terk und Fotografin Uta Wiedergut. Binnen Minuten waren die beiden vor Ort im Einsatz – aber welchem! Als wir in der Redaktion weder eine Rückmeldung erhielten, noch am Handy eine der beiden erreichten, begannen wir uns um die Kolleginnen auf der stark befahrenen Autobahn bereits Sorgen zu machen. Außerdem rückte der Redaktionsschluss näher.

Wenig später waren sie gesund wieder zurück. „Und?“, war die Frage des Chefredakteurs. „Die Entenmutter ist tot, die Jungen haben alle überlebt“, erklärte Uta mit gemischten Gefühlen. Doch das war nicht die Antwort, die er hatte hören wollen: „Wie sind die Fotos?“ Darauf Uta fassungslos und im Brustton der Überzeugung: „Fotos? Welche Fotos? Wir haben die Enten gerettet!“

Die Beschlagnahme

Mitte November 1983 war es in Kärnten endlich soweit: Die erste „Kärntner Krone“ erschien und wir waren alle mächtig stolz. Mit großen Werbekampagnen zogen wir durchs Land, unser alter Londoner Doppeldeckerbus erregte überall viel Aufsehen. Schon nach wenigen Tagen hatten wir eine wirklich tolle Auflage erreicht. Das hatte auch die Behörde unterschätzt …

Denn schon in der ersten Woche zündete ein „Turbo“, der weder seinen Ursprung in Kärnten hatte, noch gewollt gewesen war: Die „Krone“ wurde beschlagnahmt, und zwar österreichweit, weil ein so genannter „Pornojäger“ dies bei Gericht erwirkt hatte. Im Hof der „Kärntner Krone“ fuhr die Polizei mit einem VW-Golf vor – lud den Wagen voll, und musste wieder abziehen; mangels Transportkapazitäten. Die Nachricht von der Beschlagnahme verbreitete sich aber wie ein Lauffeuer. Und im Nu war die Ausgabe vergriffen. Einfach toll!

Wie man sich zum Affen macht

„Wer schreiben kann, muss noch lang' nicht reden können" – wie wahr! Und dennoch müssen auch wir von der schreibenden Zunft es hin und wieder tun. So auch bei der Siegerehrung der Beachvolleyball-Amateure in Klagenfurt. Da hat die „Krone" 10.000 Dollar Prämie ausgelobt und ich hatte die Ehre, diese zu überreichen. Also raus in die Arena, wo 10.000 Augenpaare auf einen Sandplatz und sportlich gestählte, knapp bekleidete Körper starren. „Muss ich was sagen?", frage ich Kollegin Gabriela Gödel, einen Profi in der „Sandkiste". „Ja, der Moderator wird dich was fragen. Nur kurz und knapp. Über unsere Beachkrone." Ich gehe in mich, formuliere, verwerfe, übe innerlich, kürze, verknappe, verdeutliche. Super, jetzt weiß ich, was ich sagen werde. Jemand nimmt mich am Arm, zieht mich dorthin, wohin alle schauen. Blutdruck 200, Puls 200, der Moderator fragt. Ich verstehe ihn nicht. Ich schau' ihn an wie ein Esel, sehe meinen Gesichtsausdruck gleich dahinter auf der Video-Wall. Nur Mund zu, blöd schauen und Mund offen ist doppelt dämlich. Er fragt noch einmal. Ich verstehe in dem irren Lärm wieder nichts, nur soviel, dass er nicht das fragt, was er hätte fragen sollen. Ich schaue weg, Sekundenbruchteile werden zu Stunden, wende mich auf die andere Seite, glotze Hannes Jagerhofer fragend, Hilfe suchend, an. Der kapiert sofort, hilft aus, danke Landsmann, und übersetzt ins Kärntnerische: „Wievül steht am Scheck?" „10.000 Dollar", rufe ich überrascht und höre mich wie aus 1000 Lautsprechern. Alle jubeln, ich übergebe den Scheck, küsse die Gewinnerin, herze ihren Partner. Und nichts wie weg. „Super hast das gemacht", sagt mir einer. Und ich weiß: Der will was von mir …

Bärenzoo

Journalisten haben's oft nicht leicht. Journalistenfrauen oft noch viel weniger. Aber sie entwickeln Fähigkeiten erstaunlicher Natur. Eine solche mussten wir einmal nutzen; uns schießen heute noch Tränen in die Augen, wenn wir darüber lachen.

Es war, als in Klagenfurt der alte Bärenzoo zusperren musste und einer der erfahrensten Kollegen ausrückte, um eine berührende Geschichte über den letzten Meister Petz und dessen Herrl zu machen. Mit ihm zog ein Fotograf namens PEGO, der als Markenzeichen nie seinen Hut abnimmt.

Es war November, kalt, ungemütlich – auch im Zoo. Und der Direktor schaffte Abhilfe, er und unser Mann wärmten sich – von innen. Es war die Zeit, als es noch kein Handy gab, als man den Pager noch „überhören" konnte. Außerdem hatte diesen nur PEGO, und der konnte, als der Pager piepste, nicht mehr weg. Er hatte für den Kollegen eine tragende Rolle übernommen. Derart eins kamen die beiden dann doch noch irgendwann ins Büro. PEGO verschwand in die Dunkelkammer (jaja, auch die gab's noch), der Kollege sagte nichts, setzte sich an die Schreibmaschine, ließ sich ein Blatt Papier (ja, auch Computer hatten wir noch keinen) einspannen. Und er hämmerte los.

Alsbald wurde jedoch eines klar: Was auch immer der Kollege schreiben wollte – wir wussten es nicht und er traf die Tasten nicht. Also versuchte er, uns die Story zu erzählen. Doch wir verstanden ihn nicht; niemand schien ihn mehr zu verstehen.

Mit einer Ausnahme: seiner Frau. Sie kam, um ihren Mann abzuholen. Sie hörte ihm zu und „übersetzte". Es war eine gute Story, berührend und lebensnah …

Die letzte Zigarette

Immer hautnah am Geschehen: Das sind wir. Einmal gab's im Lavanttal eine wirklich wilde Geschichte – Raub, Verfolgungsjagd, Gendarm angeschossen … Ich war mit Fotografin Uta Wiedergut unterwegs. Der Einsatz dauerte bis spät in die Nacht. Wir waren im ganzen Tal unterwegs, immer den Polizeieinheiten auf den Fersen. Ein kleines Funk-Abhörgerät (psst, nicht weitersagen) verriet uns die Orte, wo gerade der Täter gesucht wurde. So zum Beispiel die Lavantauen südlich von Wolfsberg. Also nichts wie hin.

Doch dort angekommen, war nichts zu sehen. „Die haben uns hereingelegt", sagte ich zu Uta. Und stellte den Wagen ab. Uta wollte sich im Auto kurz ausruhen, ich stieg aus, um eine Zigarette zu rauchen. Es war unheimlich, keine Windregung, kein Mondlicht, kein Mensch weit und breit, gar kein Geräusch. Nur meine Schritte auf dem Asphalt und das regelmäßige Aufleuchten der Glut. Auf einmal, ich glaubte meinen Ohren nicht zu trauen, hörte ich „Psst". Und gleich noch einmal „Psst". Mein Puls beschleunigte auf 200, langsam ging ich auf den Straßengraben zu. Ich war doch nicht allein! Da lagen gut zehn Cobra-Männer mit Sturmgewehren im Anschlag! Der folgende Wortwechsel im Original: „Scheiße." „Verschwind'!"

Ja, so ein Nachtdienst

Unser erstes Kärntner Büro war in der Morogasse, gleich beim Landeskrankenhaus. Immer wieder kamen Patienten zu uns, um sich über das Spital zu beschweren. Schon immer hat man sich halt gerne an die „Krone“ um Hilfe gewandt.

So kam eines Abends – ich hatte gemeinsam mit Sekretärin Claudia Terk Schlussdienst – ein Mann kurz vor Redaktionsschluss ins Büro. Claudia erschrak: Es war ein Hüne, der sich vor ihr aufbaute, etwa zwei Meter groß, sicher weit über 100 Kilo schwer und Hände, die waren mächtig wie Klodeckel. Er faselte irgendetwas von „illegal festgehalten und misshandelt“. Claudia schickte ihn zu mir. Mir war auch nicht wohl in seiner Gegenwart, doch bat ich ihn, Platz zu nehmen und mir seine Geschichte zu erzählen. Er wies alles schroff ab, nur den Namen konnte ich ihm entlocken. Und ihn davon überzeugen, dass ich ihm helfen würde, dazu aber telefonieren müsste. Ich hob den Hörer ab und wählte die Nummer des Polizei-Journaldienstes. Der Jurist meldete sich und ich sagte nur: „Da bei mir ist der Herr sowieso ...“ Schon unterbrach mich der Polizist und sagte: „Wo ist der? Bleiben Sie ruhig, wir sind gleich da.“ Minuten später flogen die Türen auf und das „Mobile Einsatzkommando“ stürmte mein Büro. Der gute, große Mann war aus der psychiatrischen Abteilung entwichen, wo er auf seine Überstellung in eine Anstalt für geistig abnorme Rechtsbrecher warten sollte.

Harold Pearson

Ein überforderter Zeremonienmeister ...

Zwei „Krone"-Redakteure besuchen eine Ausstellung. Nach dem Dienst, in Krems. Der eine: „Ich fahr schnell nach Hause und zieh mich um, ich nehme Sakko und Krawatte." Der andere: „Wozu? Dort sind lauter lässige Künstler, da können wir ruhig leger kommen." Leger: das ist sportliches Hemd, Lederjacke – und keine Krawatte.

Die Journalisten sind, wie so oft, zu spät dran und hören gerade noch die Schlussworte der Eröffnungsansprache. Und als alle zum Festmahl eilen, reihen sie sich ein. Plötzlich zupft ein übereifriger Zeremonienmeister einen der beiden am Ärmel: „Die Herren Chauffeure kommen mit mir mit. Die Herren Chauffeure, bitte!!!"

Der Angesprochene: „Das muss ein Missverständnis sein." Der Gastgeber klärt den Irrtum auf, die Herren Journalisten dürfen mit dem Künstler am Ehrentisch Platz nehmen. Und der dienstbare Geist, der sie abweisen wollte, überschlägt sich den ganzen Abend lang mit Entschuldigungen: „Das ist mir so peinlich, so peinlich. Ich konnte nicht wissen ..."

Martin Radinger

Kenny, der Bär

Im Mai 1992 hat die Redaktion der „Kärntner Krone" erfahren, dass die Unternehmerin Martina Sommeregger in Müllnern bei Villach ein ungewöhnliches Haustier hält: einen jungen Braunbären. Sie hatte ihn im Laibacher Zoo „freigekauft" – das Junge hätte dort eingeschläfert werden sollen und im Auto versteckt nach Kärnten geschmuggelt.

Reporter Martin Radinger und Fotograf Klaus Kreuzer machten sich also auf den Weg nach Müllnern. Martina Sommeregger hatte den vier Monate alten Kerl „Kenny" getauft, nach dem damaligen Villacher Eishockey-Star Ken Strong. „Kenny" war in einem kleinen Gehege untergebracht, wirkte verschreckt und flüchtete beim Fototermin auf seinen etwa drei Meter hohen Kletterbaum. Und plötzlich rutschte der Kleine aus und blieb mit seinem Lederhalsband an einem Ast hängen, baumelte dort hilflos und rang schnaubend nach Luft. Seine neue Besitzerin war geschockt. „Wir können versuchen, das Halsband zu öffnen", schlug Radinger vor. Doch das war chancenlos, zu stark war die Spannung des Leders. Da versuchte der „Krone"-Reporter, den Jungbären hochzuheben und Frau Sommeregger zerrte wieder am Band – doch da schlug ihr der völlig verängstigte Bär die rasiermesserscharfen Zähne in den Unterarm, Blut floss. Bären sagt man, haben keine Mimik, doch „Kenny" war anzumerken, dass er Todesängste litt, diese flehenden Augen … er atmete kaum noch.

Radinger schnappte sich einen Holzstock, der am Boden des Geheges lag, hielt ihn „Kenny" vors Maul, damit er sich darin verbeißen konnte und nicht wieder sein „Frauerl“ attackierte. Doch es war unmöglich, den Schnallen-Verschluss des Halsbandes zu lösen.

Da startete der „Krone“-Mann einen letzten Versuch, mit aller Kraft, die ein Glantaler Bauernsohn aufbringen kann, rüttelte er am Kletterbaum, zerrte am Stamm … und da: Mit einem Krachen gelang es ihm, den Stamm aus der Verankerung zu reißen. Mit einem dumpfen Knall plumpste der Bär zu Boden, verkroch sich in einer Ecke des Geheges und atmete durch. „Kenny“ war gerettet. Wäre er noch einige Minuten länger auf dem Ast gehangen, er hätte es nicht überlebt.

In den Jahren danach entwickelte sich der verschreckte Kerl zu einem handzahmen, stattlichen „Meister Petz“, wurde ein Medienstar und empfing prominente Gäste zur Jause. Heute bewohnt er ein 6000 Quadratmeter großes Areal, samt Wald, Höhlen und großem Swimmingpool.

Nur eines ärgert Radinger noch immer: Dass sein Kollege Kreuzer während der dramatischen Rettungsaktion nie auf den Auslöser gedrückt hat …

Markus Ruthardt

Sie war der Krone nicht würdig ...

Mai 1985. In den schwülen, unklimatisierten Redaktionsräumen der „Steirer-Krone“ in Graz herrschte Hektik. Einer zehnköpfigen, fachkundigen, unbestechlichen Jury mit untrügerischem Blick für das Schöne standen seit Stunden Schweißperlen auf hohen Stirnen. Schließlich mussten sechs Frauen und Männer des Ausseer Narzissenfestkomitees samt vier „Krone“-Journalisten unter 300 bebilderten Zuschriften eine schwere (Voraus-)Wahl treffen: Es galt, die zehn hübschesten Kandidatinnen zu finden, die wir zur Wahl der Narzissenkönigin und deren zwei Prinzessinnen zum Finale nach Bad Aussee einluden. Zehn von 300, die dem Aufruf in der „Krone“ gefolgt waren, um das Ausseerland ein ganzes Jahr lang in der Öffentlichkeit zu vertreten. Vor und unter den Augen von Millionen TV-Zusehern und neugierigen „Krone“-Lesern; im Dirndl – und mit Narzissen-Kronen auf ihren edlen gekrönten Häuptern.

Wir von der Jury suchten und siebten aus, überlegten hin und her, prüften mit gestrengem Blick: Wen krönt die Narzissenkrone am besten, wen schmückt das Ausseer Dirndl am herzigsten? Wer lächelt am nettesten, wer ist die Schönste im ganzen Land Österreich? Wer ist der Krone würdig?

Geschafft. Endlich! Zehn junge, fesche Damen aus sieben Bundesländern wurden zum großen, alles entscheidenden Finale nach Bad Aussee geladen, wo am 1. Juni 1985 im Kurhaus vor 500 begeisterten Gästen die Wahl auf die erst 18-jährige Obersteirerin Gundula Schnedl fiel. Als Königin durfte Gundula von nun an ein

Jahr lang Erzherzog Johanns Lieblingsgegend präsentieren - flankiert von den Prinzessinnen Daniela Koppi aus Wien und Marion Gratzenberger aus Aussee. Sie waren ein wahrlich hübsches Trio.

Drei von 300 hatten also das große Los gezogen, die gescheiterten Kandidatinnen ihren Rückschlag bald verschmerzt, die gewählten Hoheiten zehntausende Narzissenfest-Besucher erfreut und der Rest unserer eher kleinen Welt war zufrieden.

Knapp zwei Jahre später und ein paar tausend Kilometer von Aussee entfernt wird in London eine Österreicherin zur schönsten Frau der Welt gekürt: Miss Austria! Zum zweiten und bisher letzten Mal in der Geschichte. Ganz Österreich ist stolz und im Freudentaumel. Blitzlichtgewitter, TV- und Filmangebote, Glückwünsche aus aller Welt, die ob so viel Schönheit regelrecht Kopf steht. Eine internationale Topkarriere folgt. Der Name dieser Schönheit: Ulla Weigerstorfer!

Um Himmels willen!

Weigerstorfer? War das nicht eine jener 300 jungen Damen, die sich vor vielen Monaten bei der „Krone" zur Ausseer Narzissenköniginnen-Wahl beworben hatte? War die nicht schon in der Vorausscheidung an der Jury kläglich gescheitert? An dieser Jury aus „Krone"-Journalisten und Ausseer Experten? War das jene Ulla, der es an allen möglichen Voraussetzungen für das hohe Amt einer Narzissenhoheit mangelte? Die wir mit einem kurzen „Leider nicht" in die narzissenlose Wüste der Anonymität zurückgeschickt hatten – wie hunderte andere auch. Die einer Blumen-Krone auf ihrem Haupt nicht würdig genug gewesen war?

Weigerstorfer! Sie war's!

Um Himmels willen!

Bis heute ist besagten Juroren, die Jahr für Jahr noch immer so fachkundig wie unbestechlich ihrer Arbeit nachgehen, eines gewiss: Wir haben die Chance vergeigt, eine Miss World zur Narzissenkönigin zu krönen. Und: Wir haben – wohl als einzige Menschen auf der Welt – die allerschönste Frau der Welt für zu wenig attraktiv empfunden, eine Blumen-Krone tragen zu dürfen!

Um Himmels willen!

Der Fluch wird uns Juroren wohl bis ans Lebensende verfolgen, auch wenn uns Ulla längst und gnädig verzieh. Um die Ausseer Narzissen-Krone aber hat sie sich nie mehr beworben und uns so die Möglichkeit vermasselt, die Scharte wenigstens auszuwetzen. Leider!

Allen künftigen Narzissenkönigin-Bewerberinnen zum Trost: Wir haben uns gebessert, seit 1987 weder eine Narzissenkönigin noch Prinzessin noch eine gescheiterte Kandidatin der Vorauswahl übersehen, die dann Miss World geworden ist …

Hedwig Savoy

Spezl statt Adel

Es war im November 1979, als eine Top-Secret-Nachricht durchsickerte: Der König von Schweden und seine Gemahlin Silvia werden am Wochenende die Verwandten des Monarchen im oberösterreichischen Grein an der Donau besuchen. Ganz privat und inkognito, daher rigorose Absperrung. Was also tun? Mein Chef hatte die zündende Idee: Ich mit meinem adelig klingenden Familiennamen sollte mich als Verwandte ausgeben und unter die Gäste mischen. So machte ich mich mit meinem Kollegen Horst Egger, dem in Oberösterreich legendären und leider viel zu früh verstorbenen „Krone"-Fotografen, auf den Weg. Und kamen mit einem Exklusiv-Interview der attraktiven und charmanten Königin sowie natürlich Exklusiv-Fotos zurück, mit denen wir in der „Sonntags-Krone" brillierten. Geschafft hatten wir das aber nicht wegen meines Namens, der den absperrenden Landgendarmen nämlich überhaupt nichts sagte, sondern weil mein Kollege Horst Egger wie überall im ganzen Land auch bei der Exekutive praktisch jeden kannte. Ein „Servas, Spezln" genügte, und schon winkten uns die sonst so strengen Ordnungshüter durch.

Schock für Drillingsvater

In den siebziger Jahren waren Ultraschalluntersuchungen in der Schwangerschaft noch nicht üblich. Eines Morgens kam eine Meldung: „Drillinge im Krankenhaus Freistadt geboren!" Ich bekam den Auftrag, mit dem Vater Kontakt aufzunehmen und zu einem Fototermin zu seiner Frau und den Babys ins Spital zu bitten. Ich rief den Mann an, gratulierte und erklärte ihm, dass wir gerne ein Foto mit ihm, der Mutter und den drei Kindern machen möchten. „Geht leider nicht", bedauerte er, „die Kinder kommen erst am Nachmittag aus der Schule!" Der gute Mann war nämlich in zweiter Ehe verheiratet, hatte aus der ersten schon drei Kinder und noch keine Ahnung vom dreifachen Nachwuchs! Ich bin heute noch froh, dass er den Schock unbeschadet überstanden hat, den ich ihm versetzte. Auf dem Foto mit seiner Gattin und den Babys sah er aber immer noch leicht verwirrt aus …

Andi Schiel

Mord in Wien

Der Fall: Sohn schneidet Mutter den Kopf ab und flüchtet. „Krone"-Reporter Christoph Matzl und ich warten im Stiegenhaus, wo der Mord passierte, auf den Gerichtsmediziner. Christoph Matzl, mit schwarzem Hut unterwegs, hängt diesen auf dem Gang an die Lifttür.

In der Zwischenzeit kamen Kollegen anderer Medien zum Tatort. Matzl und ich standen mit einem Beamten der Wiener Tatortgruppe des ehemaligen Wiener Sicherheitsbüros, heute kurz KD 1 genannt, herum.

Der Kollege von der Konkurrenz war sehr neugierig und fragte uns, wessen Hut das sei, der hier an der Lifttür hänge. Wir meinten, „Den hat der Mörder vergessen!"

Kicher, kicher, eine Medienente machte sofort die Runde.

Endeffekt: In einem lachsfarbenen Medium konnte man später lesen: „An der Lifttüre im vierten Stock hängt noch ein Hut, Michael Tormay (der Mörder) hat ihn dort hingehängt, als ob er gleich zurückkommen würde."

Der Brand in der Hofburg

Von der Feuerwehr wurde ich von einem Schwelbrand in der Hofburg in den frühen Morgenstunden in Kenntnis gesetzt und fuhr umgehend zum Brandherd. Mein Kollege Christoph Matzl war erst kurze Zeit in der Redaktion und hatte seinen ersten Frühdienst. Einige Tage zuvor hatte es in England ein Großfeuer gegeben, „Windsor Castle“ war fast abgebrannt. Ich setzte mich mit Christoph telefonisch in Verbindung: „Ja, hallo, guten Morgen. Du, Christoph, in der Hofburg brennt's.“ Langes Schweigen. „Geh, Andi, roll mi net.“ „Nein, es brennt wirklich in der Hofburg.“ „Du weißt, dass das mein erster Frühdienst ist, das ist nicht fair, dass du mich so pflanzt.“ „Christoph, ich geb dir jetzt den Chef der Wiener Feuerwehr, Oberbrandrat Perner.“ „Herr Matzl, es brennt wirklich in der Hofburg – einen Augenblick – Andi, geh besser auf die Seite, pass auf.“

Eine Sekunde später fiel eine große steinerne Ziervase mit lautem Getöse auf den Boden. Christoph hörte es im Telefon laut krachen und schrie: „Ich komm schon, danke für den Anruf, ich höre fast das Feuer und das Krachen. Bist du OK Andi? Bin schon auf dem Weg.“

Die „Schwarze Witwe“ Elfriede

Eine eiskalte Nacht im Hof der Gendarmerie-Kaserne Wien Rennweg. Knapp vor 22 Uhr, der Hof beleuchtet, es fällt Schnee und es ist eiskalt. Wir warten auf Elfriede Blauensteiner, die nach einem Verhör in der Mordgruppe Werner Windisch in die Haftanstalt überstellt werden soll. Das Licht geht an im Treppenhaus, man sieht zwei Beamte und Frau Blauensteiner die Treppe hinuntergehen. Die Tür geht auf, ich halte die Kamera bereit. Da ruft Frau Blauensteiner plötzlich: „Juhu, ich bin's die Schwarze Witwe“, und macht ein paar zierliche Tanzschritte. „Mach a schönes Foto von mir, drück endlich ab.“

Ich war einigermaßen verdutzt, ich hatte noch nie eine mordverdächtige Frau so erlebt, die tänzelte und für ein Foto posierte.

Da, die Dame war richtig stolz auf sich. Auch die Kripo-Beamten waren erstaunt über das Verhalten von Elfriede B., stoppten dann aber ziemlich abrupt die makabere Vorstellung: „Jetzt reicht's aber, Frau Blauensteiner, steigen's endlich ins Auto.“ – und fuhren mit der strahlenden Mehrfach-Mörderin davon.

Opernball-Demo

Kollege Schönauer bei einer der ersten Openball-Demos in Wien. Er borgte sich von unserem Vertrieb zwei Funkgeräte für die Lokalredaktion aus, damals ein klobiges Ding mit einer langen schwarzen Gummi-Antenne.

Ein Aktivist der Demo stieg auf einen Baum, direkt vor der Oper, bewaffnet mit einem Megaphon und schrie Sprüche in Richtung der ankommenden Festgäste.

Schönauer hatte einen langen, braunen Mantel an, das in der Manteltasche eingesteckte Funkgerät ragte mit der Antenne etwas aus der Tasche heraus und war somit erkennbar.

In der Zwischenzeit kamen auch einige Polizisten zu besagter Stelle vor der Oper. Der Aktivist wurde immer lauter und seine Parolen immer heftiger. Einer der Polizisten sah Schönauer an und dachte, einen Kollegen von der Staatspolizei vor sich zu haben, weil er die Antenne in seiner Manteltasche sah. Er sprach Schönauer an: „Wie soll meine Gruppe gegen den Störenfried vorgehen?“ Schönauer blickte ihn gelassen an und meinte locker: „Na, lasst's erm halt.“ Der Polizist erwiderte stramm: „Jawohl“, ließ seine Gruppe sammeln und abziehen und bedankte sich bei seinem „Kollegen“. Schönauer schaute verdutzt und erwiderte: „Ich bin kein Kollege!“ aber das ging im allgemeinen Trubel unter!

Nächtlicher Polizeifunk

In einem Wiener Außenbezirk ereignete sich eine Verfolgungsjagd nach einem Alkohollenker.

Aus der Funkzentrale ergeht an einen knapp vor seiner Pensionierung stehenden Polizisten im Polizeiauto der Funkspruch: „Alois 1, fahren Sie einsatzmäßig zur Adresse (...), Alkolenker“ ... Schweigen ... „Alois 1, bitte melden“ ... Schweigen ... „Alois 1, fahren Sie zur (Adresse), was ist los?“ ... Antwort aus dem Polizeiwagen: „Geht nicht“ ... Funkzentrale: „Warum?“ ... Längeres Schweigen: „Blaulicht defekt.“ ... Funkzentrale, schon leicht erzürnt: „Alois 1, dann fahren Sie eben ohne Blaulicht!“ ... Wieder Schweigen ..., dann die Antwort: „Geht auch nicht!“ ... Funkzentrale, schon sehr erzürnt: „Alois 1, wieso nicht, fahren Sie halt so!“ ... Antwort: „Geht nicht, das Auto liegt AUF DEM DACH – AUF DEM BLAULICHT!!!“

Razzia in Massage Club

Bei einer überraschend durchgeführten Razzia in einem Thai Massage Club in Wien wurde einmal in den frühen Abendstunden ein (mittlerweile schon lange verstorbener) sehr bekannter Wiener Schauspieler überrascht. Seine ersten und einzigen Worte an die verdutzten Beamten waren: „Jetzt miasts grad kuma!!“

Die Papiere des netten älteren Herren wurden natürlich NICHT kontrolliert, die Beamten verließen schmunzelnd das Zimmer und warteten, bis sich die Szene entspannt hatte.

Die Polizei, dein verständnisvoller Freund und Helfer!!

„Plauderei“ mit einem Mörder

Ein junges Mädchen wird in einer schwülen Sommernacht an der Uferböschung eines Favoritner Ziegelteiches erwürgt aufgefunden. Mein Kollege Christoph Budin und ich fahren zum Tatort. Blaulichtgewitter rund um den Teich, Polizisten mit Scheinwerfern durchsuchen den Teich, das Areal ist abgeriegelt. Das Bellen der Polizeihunde klingt gespenstisch durch die Nacht.

Irgendwie gelingt es uns zum Zentrum der Tat in die Sperrzone vorzudringen, wo mehrere Personen herumstehen, auch jene Gruppe, die in der Nacht mit dem Mädchen am Teich eine Sommerparty gefeiert hatte.

Es entwickelt sich ein Gespräch, in welches sich ein junger, blonder Bursch drängt. „Oida, hast an Tschick für mi¿“ „Na sicher, bitte!“ Und er beginnt blumig und heldenhaft seine Geschichte zu erzählen, von dem Mädchen und der verzweifelten Suche nach ihr, die er mit seinen Freunden bis zur Auffindung der Leiche unternommen hat. Langsam wird es hell und man kann einiges besser ausmachen. So entdecken wir u.a. Kratzer an den Armen des jungen Mannes. Wir überreden ihn, ein Foto von ihm zu machen, was er erlaubt, mit dem Nachsatz: Nicht ohne seine Kappe, denn sonst erkennt ihn ja niemand in Favoriten. Bei unserem Geplauder verstrickt er sich aber immer mehr in Widersprüche, setzt sich als großer Held ins Bild, der diesem Schwein, wenn man ihn erwischt, Prügel androht. Er bezeichnet den Täter als Bestie und Unmensch, ereifert sich über dieses furchtbare Verbrechen.

Bei Tageslicht können wir nun die vielen Kratzer an seinen Armen sehen. Wir informieren den damaligen Leiter der Mordgruppe, Oberst Fritz Maringer, der sofort reagiert: „OK Buam, den schaun ma uns glei amol als Ersten an." Zu dem blonden Jüngling gewandt: „Geh Burli, kumm, pack deine Sachen zam und fahr mit uns." Der Blonde und der Rest der Gruppe werden in die Fahrzeuge verfrachtet und die Verhöre und Aussagen beginnen noch in den frühen Morgenstunden.

Und dann der Knaller zu Mittag: ein Anruf in der Redaktion: „Hallo i bins, der Lange (Oberst Maringer), geh sag dem Budin, er soll net so lang mit an Mörder plaudern, aber der Tipp war gut." „Äh, ja, Herr Oberst, sag ich gerne."

Das war das erste Gespräch mit einem Mörder – und eine Packung Marlboro war das Honorar.

Karin Schnegdar

Tun wir halt so, als ob

Der Termin klang viel versprechend: „Hera Lind beim Fallschirmspringen“, stand auf der Einladung, ein Fototermin exklusiv für die „Krone“. Die Bestsellerautorin wollte Werbung für ein neues Buch machen und war daher offenbar zu ein bisschen spektakulärem Aktionismus bereit. Ich sah schon die Headline vor mir: „Superweib fällt vom Himmel.“ Kurz davor rief unser Fotograf an, um die Details auszumachen. Für solche Fragen führt kein Weg an Linds Gatten Engelbert Laimer vorbei. Der winkte gleich empört ab: „Nein, von hoch oben herunterspringen wird sie nicht, was fällt Ihnen ein?“ – „Aber es hieß doch ...“ – „Es hieß, dass sie beim Fallschirmspringen dabei ist, nicht dass sie springt.“ – „Aber dann ist das doch keine Story!“ – „Wieso? Wir hängen ihr den Fallschirm um für das Foto und dann tun wir halt so, als ob ...“

W-FIONA 1

„Hören Sie, DAS sollten Sie einmal schreiben“, ist wohl eine Aufforderung, die jeder Journalist oft genug von seinen Lesern zu hören kriegt. Im Fall des Society-Ressorts kann das so aussehen:

Ein Rechtsanwalt ruft an und macht seitens seines Mandanten das Angebot, der „Krone“ ein Foto von dessen Autokennzeichen zu schicken. Das Kennzeichen lautet nämlich zufällig „W-FIONA 1“. Der Anrufer hat sich gleich auch einen Bildtext dazu ausgedacht: „Nach einem Jahr Liebe, New York und Capri stellt sich für Karl-Heinz Grasser sicher die Frage, was er einer so tollen Frau, die alles hat, schenken könnte!“

Das mit dem Schenken war ernst gemeint, eine Telefonnummer im Falle eines Kaufinteresses war mitgeschickt worden.

Susi Nicoletti dementiert

Ein skurriles Dementi kam von der legendären Josefstadt-Schauspielerin Susi Nicoletti. Die Grande Dame hatte uns ein paar G'schichterln über ihr damals aktuelles Bühnenprojekt erzählt, das Musical „Anything Goes“ auf Schloss Prugg. „Adabei“ berichtete neben anderen Dingen, dass die Mimin über ihren Hund gestolpert war und sich leicht verletzt hatte. Das löste einen Zornesschwall Nicolettis aus: „Stimmt alles nicht!“, schrieb sie wutentbrannt, „ich fiel nicht in Schloss Prugg über einen Hund – sondern in meiner Wohnung.“

Mit Todesverachtung

Heringsschmaus im Marchfelderhof. Die kreuzschifffahrende Operettendiva Birgit Sarata greift sich eine Auster vom Silbertablett mit dem zerstoßenen Eis, schlürft den schlabbrig-rohen Mollusken mit Todesverachtung zwischen ihren aidaschürzenfarbenen Lippen ein, schüttelt sich und seufzt: „Ich tät das Zeug ja nie essen, wenn ich nicht wüsste, dass es so teuer ist.“

Franziska Trost

Der Umgang mit den Stars – eine Wissenschaft

Es gibt wissenschaftliche Studien, wie sich ein Star bei einem Interview-Termin am besten in Szene setzt: ein exklusives Hotel als Hintergrund (das schüchtert ordentlich ein), mehrmaliger Raumwechsel, bis der Journalist endlich am Ziel seiner Arbeits-Sehnsucht ist, um ihm auch die Gewichtung des Anlasses körperlich spürbar zu machen, der Weg gesäumt von hektisch telefonierenden Promotion-Ladys und üppigen Bodyguards und – ganz, ganz wichtig – ja nicht pünktlich zum Interview empfangen. Je länger die Wartezeit, umso größer die Spannung ... Und so muss sich der Musikjournalist meistens in Geduld üben.

Eine Dame, die für die Ausführung der Studien eine Eins verdient hätte, ist Goldkehlchen Mariah Carey. In einem mondänen 5-Sterne-Hotel in London hielt sie mit ihrem Hofstaat Einzug, im Gefolge Dutzende Journalisten, die nur darauf warteten, dass die Diva das Wort an sie richtete. Und warten mussten wir wirklich. Ganze vier Stunden harrten wir in einer Suite aus, im CD-Player rotierte unentwegt Mariahs neues Album, sodass es zu einer Art Gehirnwäsche wurde. Die Begründung für die lange Wartezeit war so ehrlich, dass man nur noch staunen konnte: Mariah musste noch ein Schläfchen halten. Als sich dann endlich die Tür zum Interview-Heiligtum öffnete, schloss sie sich auch gleich wieder – nach dem Nickerchen verspürte Mariah noch einen gewissen Drang. Stars sind halt auch nur Menschen.

Es gibt aber auch Musikgrößen, die ihre Karriere ohne die wissenschaftlichen Studien am Kochen halten. Der sympathische Softrocker Bryan Adams gehört zu denen. Bei einem Rolling-Stones-Konzert in San Francisco mussten die Journalisten am Backstage-Eingang auf ihre Tickets warten. Zur Aufmunterung wurde uns ein Blick auf den Einzug der Urväter des Rock'n'Roll gewährt – jeder Stein rollte in einer eigenen Stretch-Limousine in die Halle ein. Dahinter, ganz unscheinbar, marschierte ein Mann mit Holzhackerhemd und Gitarre in der Hand per pedes – auf den ersten Blick ein Bühnenarbeiter, auf den zweiten Bryan Adams, der uns auch noch freundlich die Hand schüttelte.

Ein absoluter Meister des perfekten Auftrittes ist sicherlich Robbie Williams. Seine CD-Präsentationen gehören zu den aufwändigsten. Journalisten aus aller Welt reisen an, um einer Pressekonferenz des Entertainers zu lauschen. Und dabei geht es nicht unbedingt anders zu als bei seinen Konzerten. Bei der Album-Präsentation von „Intensive Care" in Berlin zum Beispiel wurde so manche Journalistin wieder 17 und der Star mit unsachlichen Fragen wie „Was machst du denn heute Abend, hihihi?" konfrontiert. Robbie meisterte die Situation mit einem Augenzwinkern und wohl gestreuten Zweideutigkeiten.

Nicht jeder verhält sich in Interview-Situationen immer souverän. P. Diddy, damals noch Puff Daddy, gerade den Teenager-Jahren entwachsen und schon ein Kontoauszug in Millionenhöhe, stand gerade am Höhepunkt seiner Karriere. An seiner Seite glänzte noch Latino-Schönheit Jennifer Lopez, doch sein Ruhm schützte ihn nicht vor Dummheit – in einer Bar wurde er in eine Schießerei verwickelt, er hatte eine nicht gemeldete Pistole in Händen. Sowohl Frau als auch Colt waren absolute Tabu-Themen beim Interview. Doch keiner hatte damit gerechnet, dass er schon bei der Frage „Sehen Sie sich als Vorbild für die Jugend?“ ins Schwitzen gerät. Kurz davor hatte er sich noch lässig ins Sofa geknotzt und an seinen schweren Klunkern herumgespielt und plötzlich suchte er Hilfe suchend nach seinem PR-Berater. Doch der war gerade nicht da. Und so entschwand Puff Daddy ganz souverän auf die Toilette – und kehrte nicht wieder.

Apropos Jennifer Lopez: Auch sie setzt sich bei Interview-Terminen gerne in Szene. Doch statt auf Glanz und Glamour macht sie einen auf nette Jenny von nebenan, ein ganz normales Mädl eben. Im gemütlichen Wollmantel kuschelt sie sich auf die Couch und setzt ihr sympathischstes Lächeln auf. Würde die Szene nicht im luxuriösen Hotel Adlon in Berlin spielen und wäre da nicht das perfekte Make-up in ihrem Gesicht, mit dem sie auch gleich ein Foto-Shooting absolvieren könnte, und wären da nicht die unfreundlich blickenden Bodyguards und und und, dann könnte man ihr das „Ich bin doch nur die Jenny aus der Bronx“ fast abnehmen.

Bodenständiger geht es zu, wenn man auf die Toten Hosen trifft. „Krone“-Fotograf Klemens Groh und ich durften Sänger Campino bei seinem ersten Ausflug auf den Naschmarkt begleiten. Und stießen gleich einmal auf eine deutsch-österreichische Sprachfront. Auf Grohs Bitte „Stell dich doch mal für ein Foto zu den Paradeisern“ ernteten wir nur ein verblüfftes Stirnrunzeln des Düsseldorfers. Mit Tomaten hat’s dann besser geklappt. Ein guter Anlass für einen Österreichisch-Kurs: Campino kann seitdem wunderbar alleine auf dem Wiener Traditionsmarkt Marillen, Karfiol und Schwammerln einkaufen gehen. Übrigens: Wenn man ihn jetzt fragt, was sein Lieblingsplatz in Wien ist, dann kommt wie aus der Pistole geschossen: der Naschmarkt!

Als Musik-Journalist muss man nicht nur als Wien-Führer agieren, auch Berlin-Kenntnisse waren in meinem Job schon gefragt. Erinnern Sie sich noch an Guildo Horn, der piepend Deutschland beim Song-Contest vertrat? Kurz vor seinem großen Auftritt rief er mit seinem Handy bei der „Krone“ an, um uns ein Telefoninterview, oder wie man in der Musikbranche so lässig sagt: einen Phoner zu geben. Mal ganz abgesehen davon, dass er die visuelle Anonymität des Telefonats dazu nutzte, mir seine endlos langen Beine und sein strahlendes Aussehen schmackhaft zu machen, kurvte er auch während des Gesprächs gerade durch Berlin, um zu seinem nächsten Termin zu fahren. Und verfranste sich hilflos in der großen Stadt. Zum Glück hatte ich zufälligerweise einen Berlin-Stadtplan in der Redaktion und ich konnte ihn als lebendes Navigationsgerät zum richtigen Ort lotsen. Aus dem Interview wurde dann allerdings nichts mehr …

Erich Vorrath

Der Chef auf Urlaub

Telefonische Recherchen gehören zum journalistischen Alltag. Routine, die manchmal aber eine heitere Note in den Redaktionsalltag bringt. An einem Vormittag brauchte ich einige Wirtschaftszahlen, die ich mir bei der zuständigen Landesregierung besorgen wollte – das Bundesland sei nicht verraten. Eine telefonische Verbindung kam schnell zustande – es hob der Sekretär des hohen Beamten, den ich in der Telefonzentrale verlangt hatte, ab. Ich sagte ihm meine Wünsche – und alles schien seinen normalen Gang zu gehen: „Ich verbinde Sie mit dem Chef“, hörte ich. Und dann kam die große Stille, niemand meldete sich. Erst eine gute Minute später tönte wieder die Stimme des Sekretärs aus dem Hörer: „Es tut mir leid, aber ich habe erst jetzt erfahren, dass der Chef auf Urlaub ist …“

Es geht eben nichts über Sekretäre, die alles im Griff haben …

Der Bürgermeister und die Kühe

Die Würze des Journalistendaseins sind nicht alltägliche Ereignisse. Und wenn die dann auch lustig sind – umso besser. Die folgende Geschichte, die sich vor einigen Jahren zutrug, gewann für mich bei der Recherche noch zusätzlich an Reiz, als ein Gendarm das Vorgefallene in seiner ländlich-urwüchsigen Art schilderte. Über das, was der Gesetzeshüter am Telefon zum Besten gab, erfuhren unsere Leser damals natürlich nichts. Die Gründe wird jeder bei der Lektüre des Folgenden unschwer erkennen.

Es ging um eine Kuhherde, die in der Nacht den Weidezaun niedertrampelte und den heimatlichen Boden verließ. Die milchgebenden Vierbeiner genossen die ungewohnte Freiheit in vollen Zügen. Jede Kuh marschierte in eine andere Richtung. Und so wurden wenig später in sieben umliegenden Gemeinden plötzlich streunende Rinder gesichtet. So weit die Tatsachen. Ein Gendarm sollte mir am Telefon die Details der nächtlichen „Stampede" erzählen – wie denn das bei ihm im Ort gewesen sei. Ohne zu zögern gab er seinen Bericht: „Als ich in der Nacht vom Bürgermeister angerufen wurde, dass auf dem Hauptplatz Kühe unterwegs sein sollen, habe ich zuerst geglaubt, dass er wieder einmal betrunken war. Ich schaute dann doch zum Fenster hinaus und sah dann, dass der Herr Bürgermeister doch Recht hatte …"

Ombudsman ♛ Tierecke

Auszüge aus Briefen an die Ombudsman-Redaktion

(zusammengestellt von Ingeborg Bauer)

Es beginnt schon mit der Anrede wie z.B. „Umputz-Mann“, „Obudsman“, „Obusmann“ oder an die „Lokal Retagziaon“ …

Ich weiß, ich komme 5 Minuten vor 12, aber ich bin total verzweifelt. Mir steht die Zwangsversteigerung ins Haus und mein Mann darf das nicht wissen … Lege Ihnen ein Schatzwertgutachten bei.

Bitte, Liebe Kirche Helfe mir Ich bin Unschuldig, wenn meine Mutter die Augen Aufmachte tät Sie weinen Über Ihre Tochter und Enkerl. Ich Liebe Menschen …

Bitte freundlichst um Auskunft, wo man sich hinwendet um die Adresse von dem Verein, die einen gratis holen wenn man gestorben ist …

Ich lebe sehr bescheiden, gehe ohne Zähne herum, lasse nie meine Haare herrichten …
Ich habe Größe 56-60 Kleider, Schuhe 40-41 flache Absätze und breite Form. Verbaut bin ich nicht …

Ich habe schon 109 kg abgenommen, Foto habe ich leider keins …

Auch mit allen 11 Kindern und Gebäck in der Straßenbahn zu fahren ist unmöglich. So bleibt uns nur das Herausschauen beim Fenster übrig …

… Da ist alles kaputt und ich muss heute noch das Wasser vom Clo zum kochen und trinken holen …

Sehr geeherter Herr. Möchte sie Bitten, wenn es möglich ist mir eine Geige zu verschaffen möchte eine Kabele Gründen, meine wurde mir gestolen.

Ich wohne seit 40 Jahre in einem NEUBAU …

Andrea Franz

Von liebeskranken Damen und bühnenreifen Querköpfen

Mit feurigen Liebesschwüren haben wir als Sachbearbeiterinnen in der Ombudsman-Redaktion naturgemäß seltener zu tun. Daher bleibt uns wohl der Fall einer reschen Wienerin, die uns über Monate auf Trab gehalten hat, besonders gut im Gedächtnis.

Die Dame, nennen wir sie einfach Frau Z., hatte sich unsterblich in einen feschen Wiener Stadtrat verliebt. Nun flehte sie uns an Postillion d'amour zu spielen und den Kontakt zu ihrem Angebeteten herzustellen.

Wir sind durch unsere tägliche Arbeit gewohnt, selbst in den verzwicktesten Fällen helfen zu können. Doch in derart privaten Herzenssachen sind uns klarerweise die Hände gebunden. Dies teilten wir der Ratsuchenden mit, nicht ahnend, eine wahre Lawine an Briefen und Postkarten an unsere Redaktion loszutreten. In unzähligen Schreiben schilderte die Schwerenöterin, wie sehr sie doch ihren Liebling ins Herz geschlossen habe und vermisse. Denn – so erfuhren wir erst etwas später – sie wäre mit dem Stadtpolitiker lange liiert gewesen und jetzt wolle er nichts mehr von ihr wissen.

Eine völlig neue Situation also. Eine Situation, in der wir uns entschlossen, doch einmal vorsichtig beim Objekt der Begierde im Rathaus nachzufragen, ob er die Dame etwa persönlich kenne. Keine Spur, lautete die prompte Antwort. Nun war guter Rat teuer. Die Dame war also derart über beide Ohren in ihren Angebeteten verschossen, dass sie etwas den Boden der Realität verloren hatte. Wie könne man sie wieder dorthin zurückführen, ohne sie unglücklich zu machen? Wir beschlossen einen Versuch zu wagen. Da Frau Z. sich auch wegen eines Problems mit ihrer Wohnung an uns gewandt hatte, traten wir mit ihr in Kontakt. Behutsam und fast nebenbei teilten wir ihr mit, dass der Stadtrat aus nicht näher genannten Gründen keinen Kontakt zu ihr aufnehmen könne, ihr Wohnungsproblem aber schnell und zuverlässig behoben werde. Und siehe da, die Aussicht auf schnelle Hilfe wischte die Fixierung auf den Mann ihrer Träume in Windeseile beiseite und weder im Rathaus noch bei uns in der Redaktion hat man jemals wieder etwas von Frau Z. gehört.

Als größte Anlaufstelle für Hilfesuchende in ganz Österreich widmen wir uns jährlich zehntausenden Menschen, die von allen anderen Institutionen abgewiesen wurden und deren letzte Hoffnung wir sind. Es sind sehr viele tragische Fälle dabei und mich als Mutter berührt es besonders, wenn ich Familien in echter Not helfen und ihnen Unterstützung vermitteln kann. Umso mehr erstaunt mich dann die Unverfrorenheit einiger weniger Anrufer. Wie zum Beispiel der bühnenreife telefonische Auftritt des Herrn S.: In charmantester Manier klagte er eines Tages über sein Problem. Er, der den weltlichen Dingen eher Abgeneigte und esoterisch Bewanderte, sei von der Bank gräulich und herzlos behandelt worden. Man gebe ihm einfach kein Geld mehr. Nun stehe er ohne einen Cent da, obwohl sein Überziehungsrahmen noch nicht ausgereizt sei.

Herrn S. sollte geholfen werden. Ich setzte mich mit der Bank in Verbindung und erbat einen „Notgroschen“ für den armen Mann. 100 Euro stellte ein Institut zur Verfügung, er bräuchte das Geld nur noch abholen.

Zwei Stunden später klingelte das Redaktionstelefon. Herr S. war tatsächlich in der Bank aufgetaucht. Doch statt sich über das Geld zu freuen, hatte der Bittsteller alle Angestellten wüst beschimpft, randaliert und war erst bereit zu gehen, als er 200 Euro erhalten hatte. Wenig später hatte ich ihn am Apparat. Seine Dankesworte für die prompte Hilfe klingen mir noch heute im Ohr: „Glaubens, Sie können mich mit 100 Euro abfertigen, Sie Trampel?“

Es gibt Menschen, denen kann nicht einmal unsere langgediente Ombudsman-Redaktion helfen …

Gabriela Gödel

Ich bin's der Zilk

Wie man ja weiß, ist Geduld nicht zwingend der zweite Vorname des „Krone"-Ombudsmans Prof. Helmut Zilk. Und wenn er sich beim Schreiben einer Leserin, eines Lesers nicht auskennt – dann greift er halt in der Sekunde zum Telefon, um Klarheit zu erlangen.

Es klingelt also. Das Telefon wird abgehoben: „Hallo?"

„Ja, guten Tag, Zilk hier. Ich hätte da …"

Aus dem Telefonhörer kommt ein barsches: „Ver… Sie jemand anderen." Und es wird aufgelegt.

Der Angerufene, der uns zuvor in einem Brief lang und breit, aber eben nicht klar verständlich sein Problem geschildert hatte, glaubte doch tatsächlich, dass er in die Falle des Ö3-Mikromannes getappt war. Er glaubte an einen Scherzanruf.

Erst der wirklich donnernde Bass des Ombudsmans beim 2. Versuch: „Sie hören mir jetzt zu, ich bin es wirklich, der Zilk, Sie haben uns geschrieben", brachte ihn auf den Boden der Tatsachen zurück. Und ins Grübeln: „Sie kümmern sich wirklich darum?"

Telefonat, die Zweite

Dieses Mal war es eine Dame, weit in den Achzigern, die hörbar nach Luft schnappte, als sie „den Zilk“ am Apparat hatte: „Wartens a bisserl, i muss mir jetzt meine Herztropfen holen, so aufgeregt bin ich, dass Sie mich anrufen …“

Des Rätsels Lösung

„I brauchat a Rod“ – nun ja, Räder vergibt die Ombudsman-Redaktion nur in seltensten Ausnahmefällen.

In diesem Falle war aber nicht der Drahtesel gemeint, sondern ein Ratschlag, ein Tipp.

Es kommt schon vor, dass in der täglichen Konferenz – in der alle eingelangten Schreiben besprochen und dann in Folge weitergeleitet oder erledigt werden – das eine oder andere Brieflein schlicht und einfach laut vorgelesen werden muss. Denn aus dem geschriebenen Wort werden die Sachbearbeiterinnen nicht schlau: Es handelt sich nämlich um „Lautschrift“ – das gesprochene Wort (*„I brauchat a Rod“*) wird einfach mundartlich in Buchstaben gepresst. Die Lösung in unserem Fall: „Ich brauche einen Rat“

Susanne Pitschko

Der Millionärshund

An einem Montag vor einigen Wochen brachte uns eine Kollegin einen total verwahrlosten, schmutzigen, von Flöhen geplagten, kleinen weißen Hund in die Redaktion der Tierecke. Das bemitleidenswerte Fellbündel war am Wochenende, nachdem es schon einige Zeit herumgestreunt war, ihrer Mutter zugelaufen, die jedoch den Hund aus gesundheitlichen Gründen nicht aufnehmen konnte. Aushänge von Zetteln in der Umgebung sowie Rundfragen, auch bei Geschäften in der Nachbarschaft, waren erfolglos geblieben.

Somit war die Tierecke um eine Lösung gefragt.

Wir organisierten einen vorübergehenden Pflegeplatz bei einer uns bekannten Tierfreundin. Der völlig schmutzverklebte, streng riechende kleine Kerl wurde tierärztlich durchgecheckt, gebadet, entfloht und geschoren. Am darauf folgenden Tag erschien in der „Krone" das Foto des Ausreißers mit dem Suchtext nach dem Besitzer des *Rüden*.

Kaum war das Bild in der „Krone" erschienen, begann die Angelegenheit eine ungeahnte Eigendynamik zu entwickeln. Verschiedene Personen glaubten, in dem Hund jenes Tier zu erkennen, das einem in Monte Carlo wohnhaften Millionär bei einem Wien-Besuch am Graben gestohlen und zu Jahresbeginn auf der Titelseite einer Gratiszeitung gesucht wurde. Die Besonderheit bestand jedoch darin, dass der gestohlene Hund einen Diamant-Ohrstecker sowie ein Bulgari-Halsband mit echten Diamanten im Gesamtwert von 60.000 Euro trug, die dem ehrlichen Finder zugesprochen wurden, zusätzlich war noch ein Finderlohn in Höhe von 20.000 Euro ausgesetzt.

Verständlich, dass plötzlich Goldgräberstimmung aufkam und sich Leute meldeten, die des armen kleinen Hundes unbedingt habhaft werden wollten. Es entstanden Diskussionen, wem nun der Finderlohn zustünde und wie hoch er wohl sei, da doch die Diamanten verschwunden waren.

Die Redakteurin der Zeitung, welche im Februar die Suchanzeige auf der Titelseite platzierte, bombardierte unseren Pflegeplatz mit Anrufen, wollte unserer Hundepflegemutti jedoch die Telefonnummer oder etwaige Daten des vermeintlichen Hundebesitzers keinesfalls bekannt geben. Erst aufgrund von Interventionen seitens unserer Tierecke-Ressortleiterin Maggie Entenfellner kam endlich der Kontakt mit der „Gegenseite" zustande, wo letztendlich unsere Vermutung, dass es sich bei dem gesuchten Millionenhund um *ein Weibchen* handelt (was aus der erschienenen Suchmeldung nicht ganz klar zu entnehmen war), vom zuständigen Ressortleiter bestätigt wurde.

Kurz darauf erhielt unser Pflegeplatz einen neuerlichen Anruf der Redakteurin des Blattes, welche sich die ohnehin im „Krone"-Text zu lesende Tatsache, dass es sich bei dem Fundhund um einen *Rüden* handelt, nochmals bestätigen ließ. Total verzweifelt und völlig aufgeregt meinte sie: „Hoffentlich erreiche ich den Mann rechtzeitig und er sitzt noch nicht im Flugzeug …"

Den kleinen herrenlosen „Bobby“ – so wurde er von uns getauft – störte es wenig, kein Millionärshund zu sein, er konnte über die „Krone“ ein wunderbares neues Zuhause mit Garten finden, wo er seine täglichen Streicheleinheiten, die Geborgenheit und Wärme in einer lieben Familie kennen lernen durfte und sein Hundeleben genießt!

Das arme Kaninchen

Wir erhielten den empörten Anruf einer Dame, mit der ebenso forschen Aufforderung, als Zeitung und Tierecke etwas zu unternehmen. Sie wäre mit ihrem sehr gut genährten (und daher fast bewegungsunfähigen) Kaninchen im Wiener Prater gewesen, um es ausgerechnet in der Hundezone zum Grasen freizulassen.

Kaum saß der dicke Hase am Boden, als auch schon ein Rottweiler herangeprescht kam und den Hasen durch Beuteln ins Jenseits beförderte.

Die geschockte Kaninchenbesitzerin suchte trotz Beschwichtigungsversuchen und Wiedergutmachungsversprechen des Hundebesitzers die nächste Polizeidienststelle auf und erstattete Anzeige. Sie erhielt jedoch keine Kopie der Anzeige, fühlte sich nicht wirklich ernst genommen und forderte mich dringend auf, etwas zu unternehmen, da sie den Hundebesitzer verklagen wolle, damit er ins Gefängnis komme.

Ich erklärte Frau S., dass dies den Hasen nicht mehr lebendig machen würde und wir einen armen Hoppel gemeldet bekommen hätten, der dringend ein gutes

Zuhause suchen würde. Dies wurde empört abgelehnt, sie wolle nur einen Hasen, der dem Verblichenen haargenau ähnlich sehe. In einer Tierhandlung im 20. Bezirk würde genau dieser Hase in der Auslage sitzen. Worauf ich ihr riet, den Kaufpreis doch vom Hundebesitzer einzufordern.

Am nächsten Tag neuerlicher Anruf:

Fr. S. ist bereits im Besitz des neuen Tieres, der Hundebesitzer hätte ohne Probleme bezahlt.

Trotzdem hat sie noch am gestrigen Nachmittag das Innenministerium aufgesucht, wo man sie an die Bundespol. Dion weiter verwiesen hat. Von dort hätte man mit der Wachstube telefoniert, worauf sie sich eine Kopie der Anzeige abholen durfte. Sie benötigte diese Kopie um gegen den Hundehalter Anzeige wegen *Mordes* zu erstatten.

Die Begründung für diesen Schritt aus ihrem Munde lautete: „Meine Großmutter ist vor 5 Jahren verstorben – da kann man mir auch nicht einfach irgendeine neue alte Frau in die Wohnung setzen und sagen – das ist jetzt deine Großmutter …"

Schließlich lebte der Hase auch gerne und ist ermordet worden.

Problem: Amsel

Besuch einer Dame bei uns in der Redaktion: Sie hat in der Wohnhausanlage eine Amsel, die jeden Morgen an ihr Fenster klopft und Rosinen verlangt.

Will von uns wissen, ob das immer dieselbe Amsel ist, die zu ihr kommt, oder ob die Amseln in der Vogelsprache weitererzählt haben, dass es bei ihr Rosinen gibt.

Am Sonntag ist das besonders unangenehm, da die Amsel sie sehr früh weckt und sie gerne länger schlafen möchte.

Möchte weiters wissen, ob sie die Amsel weiterfüttern muss, da es sich hier um eine aussterbende Tierrasse handelt. Da Rosinen teuer sind, geht das ins Geld. Frage, ob man auch anderes Vogelfutter nehmen kann, obwohl die Amsel ausdrücklich Rosinen verlangt. Ob wir wissen, wo man billig Rosinen bekommt, oder ob wir einen Rat wissen, wie man die Amsel umerziehen kann, dass sie auch anderes Futter frisst.

Jedenfalls möchte sie die Amsel trotzdem gerne weiterfüttern, da ja bald das Frühjahr kommt und die Amsel dann hoffentlich zu brüten beginnt.

„Da hast, hilf mir! Der hat die Muskeln alle vom Schneeschaufeln.“

Sport

Olaf Brockmann

Keine Telefone, kein Fax

Die Erlebnissphäre war für einen Journalisten gerade in der Sowjetunion immer sehr hoch. Die Übermittlung der Berichte war stets eine spannende Angelegenheit. Dass man im Hotel auch stundenlang auf ein Blitzgespräch warten musste, war nicht ungewöhnlich. Bei einem Leichtathletik-Länderkampf in Leningrad übermittelte ich deshalb über Leo Wieland, den damaligen Moskau-Korrespondenzen der „Frankfurter Allgemeinen Zeitung", vier Telefonnummern aus dem Presseraum des Stadions in die Heimatredaktion. Diese sollte mich pünktlich auf einer der Nummern um 16 Uhr Ortszeit anrufen. Nichts passierte. Kein Gespräch kam. Selbst wählen konnte man nicht ins Ausland. Handys gab's ja noch keine. Irgendwann hob ich einen der Telefonhörer ab – und hörte die Sekretärin: „Wir versuchen seit einer Ewigkeit, dich zu erreichen. Aber du hebst nicht ab." Kurzum: Bei allen vier Telefonen waren die Klingeln kaputt. Aber es gab auch brüderliche Hilfe unter den Journalisten. Etwa im Lenin-Stadion von Moskau. Offiziell war das Pressezentrum bei einer Veranstaltung gesperrt, aber ein Kollege der halbamtlichen Nachrichtenagentur Nowosti half mir per Räuberleiter über eine Balustrade in einen Fernschreibraum. Dort standen aber nur Fax-Geräte mit kyrillischer Tastatur. Doch kann man die Buchstaben in unsere Schrift umsetzen. So meldete ich einen Weltrekord im Leichtathletik-Fünfkampf eine Ewigkeit vor allen anderen.

Mao Tse-tungs Tod

Mit mehreren europäischen Tischtennis-Teams flog ich 1976 zu einem Freundschaftsturnier nach Shanghai. Zwischenlandung in Karachi. Und dort war zunächst Endstation. Wir mussten das Flugzeug verlassen und wurden in ein Hotel gebracht. Den Grund erfuhren am nächsten Morgen. Mao Tse-tung war gestorben. Nach langem Verhandeln waren wir in der letzten Maschine, die nach Peking weiterfliegen durfte. Dann waren die Grenzen dicht. In Shanghai wurde das Tischtennisturnier um gut eine Woche verschoben. So erlebten wir die Trauerfeierlichkeiten für den „Großen Vorsitzenden" hautnah mit, trugen uns auch in ein Kondolenzbuch ein, legten für Mao Kränze nieder und sahen, wie Hunderttausende zu den Zeremonien für Mao aufmarschierten. Natürlich wollte ich meine Berichte loswerden, aber alle Leitungen ins Ausland waren gekappt. Fast alle. Über Fernschreiben erreichte ich schließlich in Hongkong einen Kollegen der Nachrichtenagentur „Reuters". Er schickte mir netterweise meine Berichte nach Europa. Im Gegenzug schilderte ich ihm, was wir in Shanghai in jenen Tagen erlebten. Und 30 Jahre später? Da hinken wir den Chinesen in der Technik weit hinterher. Bei der Schwimm-WM 2006 in Shanghai, wo Markus Rogan dreimal Silber gewann, gab es im Pressezentrum nur noch ultramoderne Internet-Telefone, über die ich die Berichte zur „Krone" nicht schicken konnte. Ein freundlicher Techniker half mir, dem rückständigen Europäer, und ermöglichte, dass ich über eine für ihn total veraltete Fax-Leitung meine Berichte per Computer absetzen konnte.

Vorsicht, Feind hört mit!

Ich war mit dem inzwischen leider schon verstorbenen Schwimm-Trainer Sergej Wajzechowskij gut befreundet. Als er noch die UdSSR trainierte (später war er ja auch Coach in Österreich), telefonierte ich 1980 während der sowjetischen Meisterschaften in Kiew mit ihm. Ich rief ihn vom Hotel „Cosmos“ in Moskau aus an. Es war ein langes, interessantes Gespräch. Über die Weltrekorde der UdSSR-Schwimmer, über die nahenden Olympischen Spiele in Moskau – und auch über Politik. Die Sowjetrussen hatten ja bereits Afghanistan besetzt, was zum Boykott vieler westlicher Länder geführt hatte. Wajzechwoskij aber hatte das Wort „Afghanistan“ kaum ausgesprochen, da meldete sich in der Leitung eine Stimme: „Bitte beenden Sie sofort das Gespräch.“ Und die Leitung wurde gekappt. Die Geheimpolizei hörte eben alles mit.

Als den Deutschen die Luft ausging

Manipuliert wurde im Sport schon immer. Auch 1976 bei den Spielen in Montreal. Lange Zeit war dies geheime Kommandosache. Aber alles kommt ans Tageslicht. Die deutschen Schwimmer pumpten nämlich, um eine bessere Wasserlage zu bekommen, ihre Därme mit Luft auf. Ein deutscher Trainer bestätigte mir später in Wien, dass er selbst, um die Wasserlage zu prüfen, in der Badewanne(!) Eigentests durchgeführt habe. Noch im Trainingslager in Kanada seien manche aufgepumpten Schwimmer Bestzeiten geschwommen. In Montreal aber ging das Experiment schief. Die Zeit vom Aufpumpen bis zum Start war nicht exakt berechnet worden. Den deutschen Schwimmern, so wurde kolportiert, sei im wahrsten Sinne des Wortes die Luft ausgegangen.

Festnahme in Moskau

Ein Jahr vor den Olympischen Spielen in Moskau trieb mich die Neugier in die noch in Bau befindliche, strengstens abgeriegelte Riesenhalle am „Prospekt Mira“. Irgendwie schlängelte ich mich doch ins Innere, stand plötzlich zwischen Kränen und Gerüsten und fotografierte, was natürlich ausdrücklich untersagt war. Ein Milizbeamter nahm mich sofort fest, führte mich in sein winziges Büro, wo ich meinen Film herausrücken musste. Ein Jahr später: Nur wenige Tage vor der offiziellen Eröffnung der Olympia-Halle war ich wieder im Inneren dieser 40.000 Zuschauer fassenden Arena. Wieder fotografierte ich. Wieder wurde ich festgenommen. Wieder vom selben Milizbeamten. Wir umarmten einander und tranken (nachdem ich den Film freiwillig abgeben hatte) einen Wodka.

Monsunregen in der Halle

Für die Tischtennis-Weltmeisterschaft 1975 in Kalkutta hatten die Inder eine wunderschöne, riesige Halle gebaut. Sie hatte nur leider einen Konstruktionsfehler. Sie war nicht ganz wasserdicht. Während der Finalspiele, genau während des Endspiels im Damendoppel, ergoss sich ein Monsunregen über die Millionen-Metropole. Erst bahnten sich nur ein paar Tropfen durch das Dach genau in die Mitte der Halle, das Loch wurde immer größer, der Regen stürzte sich auf die Tischtennis Platte. Die Spielerinnen fluchten, fleißige Inderinnen versuchten, mit Lappen und Eimern dem Wasser Herr zu werden. Vergebens. Die Filialspiele mussten lange unterbrochen werden. Auch auf der Presse-Tribüne wurde ich patschnass. Eine kuriose Unterbrechung eines WM-Endspiels.

No, no, no! Wir kaufen nichts

Die Olympischen Sommerspiele 1984 in Los Angeles waren vorbei. Tag darauf wollte ich mit den Handballdamen nach San Francisco fliegen. Für den Montag hatte ich rechzeitig ein Taxi in unser gemeinsam von der „Krone“ und der „Presse“ über Freunde sehr günstig (!) gemietetes Haus in Beverly Hills bestellt. Für 6 Uhr. Als ich morgens duschte, hörte ich das Telefon. Mein Kollege Nobby Wallauch nahm das Gespräch entgegen, ich hörte ihn nur sinngemäß sagen: „No, no, no. Wir kaufen nichts.“ Später stand ich eine kleine Ewigkeit mit gepackten Koffern vor der Villa. Kein Taxi. Die Verzweiflung begann zu kochen. Nobby kam wenig später, fragte, worauf ich wartete. Da dämmerte es ihm: „Ach, vorhin, das Telefon, das war wohl die Taxivermittlung, sie wollte das Taxi bestätigt wissen." Nobby aber hatte nur „No, no, no …" gesagt. Er bestellte ein neues Taxi. Ich kam noch rechtzeitig zu meinen Handball-Girls.

Traumhafter Rubel-Kurs

Im Sommer 1981 war ich mit Zehnkampf-Weltrekordler Jürgen Hingsen in Leningrad, wie St. Petersburg damals ja hieß, unterwegs. Er ist ein sehr netter Deutscher, manchmal aber fast zu selbstbewusst und damals wohl etwas vorlaut. Auf dem Newski-Prospekt fragte er mich, ob ich für ihn, da ich in Hinblick auf die Olympischen Spiele in Moskau Russisch gelernt hatte, deutsche Mark gegen Rubel eintauschen wolle. Ich lehnte dankend ab. Er aber zog auf dem Boulevard los und kam wenig später strahlend zurück. „Ich habe einen Traumkurs erhalten. Eins zu eins." In der Tat ein unglaublicher Handel. Hingsen lud mich spontan zum Essen ein. Wir fuhren mit dem Taxi zu einem Restaurant. Natürlich wollte Hingsen auch das Taxi zahlen. Von der hinteren Sitzbank reichte er dem Fahrer seine Rubel, ein paar große Scheine. Der Chauffeur lehnte nur lachend ab: „Njet! Das sind Rubel aus der Zarenzeit." Kurzum: Ich lud den Zehnkampf-Weltrekordler, den „König der Athleten", zum Essen ein.

„Krone“ sprach mit dem Toten

Im Oktober 1990 meldeten mehrere Nachrichtenagenturen den Tod des legendären Hochspringers Waleri Nikolajewitsch Brumel. Der Russe war Olympiasieger, Europameister und von 1961 bis 1971 Weltrekordler. Ich erhielt bei einem Leichtathletik-Meeting in Sestriere Nachricht von der traurigen Botschaft. Um Einzelheiten zu erfahren, wollte ich Brumels Frau in Moskau anrufen. Über einen italienischen Kollegen erhielt ich die Telefonnummer und rief an. Am anderen Ende meldete sich keineswegs die Frau, sondern Waleri Brumel selbst. Kurzum: Die Todesnachricht war eine klassische Falschmeldung. „Ich bin doch nicht tot, mir geht es gut, ich schreibe gerade ein Buch“, sagte mir Brumel. Und wir hatten eine Story für die Seite 1, Arbeitstitel: „Die Krone“ sprach mit dem Toten! 2003 ist Brumel wirklich gestorben.

Festnahme in Sibirien

Einmal hatte ich eine Einladung zu einem Tischtennis-Turnier nach Japan. Die Einladung hatte einen Haken. Die Reise musste ich schon selbst zahlen. Ich flog nicht, sondern fuhr mit dem Zug. Mit der Transsibirischen Eisenbahn. In Ulan Ude, eine halbe Tagreise nach dem einmalig schönen Baikalsee, hatten wir einen längeren Aufenthalt. Da ich während der ganzen Reise auf den Bahnhöfen (verbotenerweise) fotografiert hatte, machte ich auch hier Aufnahmen. Und wurde plötzlich von hinten von zwei Polizisten fest unter die Arme genommen und abgeführt. Und zwar in ein Milizabteil eines mir fremden Zuges, der in der entgegengesetzten Fahrtrichtung zur Transsibirischen Eisenbahn stand. Kaum waren wir in diesem Abteil, fuhr der Zug an. Auf dem anderen Geleis stand die „Transsib“. Und wir fuhren weg. Sofort öffnete ich meinen Fotoapparat, gab den Film her. Der Polizist zog die Notbremse, ich sprang aus dem Zug, lief zur Transsibirischen, die zum Glück noch im Bahnhof stand, zurück. Ich kam pünktlich zum Tischtennis-Turnier nach Japan …

Conny Lenz

Als Charly die Bühne stürmte

Fotografen – nicht alle, aber immer mehr – haben die nervige Angewohnheit mitunter genau dann, wenn man sie am dringendsten braucht, nicht greifbar zu sein. Als der legendäre Rad- und Ski-Experte Karl „Charly“ Pointner in seiner einstigen Funktion als Sportchef der „Kärntner Krone“ einmal den hauseigenen Sport-Fotografen benötigte, erfuhr er, dass selbiger gerade eine Probe im Klagenfurter Stadttheater fotografiert. Pointner, stets ein Mann der Tat, der einst ja sogar mit einem (kleinen) Eishockey-Schläger bei Herausgeber Hans Dichand auf den Tisch geklopft und nachdrücklich mehr Sportseiten eingefordert hatte, setzte sich sofort ins Auto und kurvte in den Musentempel. Dort irrte er solange durch die Gänge, bis er sich urplötzlich mitten auf der Bühne und mitten in der Probe befand. Charly verbeugte sich artig, erspähte im Zuschauerraum tatsächlich den gesuchten Fotografen und ersuchte ihn noch von der Bühne aus, sich nun schleunigst zum Sporttermin zu verfügen …

Walther Prüller

Mit dem Horstl auf Benzinverbrauchsjagd

Bei der „NTZ“ war ich bis 1981 nicht nur Sportchef, sondern machte auch den Motorteil, was manche Annehmlichkeit mit sich brachte: ab und zu ein Testwagen, ab und zu auch eine Einladung der Konzerne zu einer Autopräsentation. So auch Ende der 70er Jahre: VW lud zur Vorstellung des neuen Golf-Diesel nach Schweden. Herrlich, interessant und drei Tage Urlaub! Dabei war natürlich auch der „Krone“-Motorchef Horst Kahlert. Ein wirklich liebenswürdiger Kollege und Freund, den ich schon lange kannte. 1970 hatten er, mein Bruder Heinz und ich gemeinsam den Motorbootführerschein gemacht. VW wollte natürlich den niedrigen Verbrauch des neuen Diesel-Golf in den Vordergrund stellen, wenn ich mich recht erinnere, waren das etwa 4,5 Liter auf 100 km. Worauf die Wolfsburger damals sehr stolz waren. Zweierteams wurden gebildet, wir bekamen das Roadbook für eine etwa 200-km-Teststrecke (gemischt Autobahn, Landstraßen). Ich fuhr mit Horst. Ein Augenzwinkern genügte, natürlich waren wir uns sofort einig: Wir würden nicht (wie die anderen Kollegen) sparsam fahren, sondern wollten wissen, was der Golf wirklich verbraucht, also ging’s los mit voller Pulle: Vollgas, wo möglich, Motor ausdrehen, schleudern, querstellen – also Rallyestil pur auf den schneebedeckten (und Gott sei Dank fast leeren) schwedischen Straßen. Am Abend dann das Auslitern, Auswertung bzw. „Siegerehrung“: Ein paar Kollegen tappten sich an die 4,5 l heran, ein paar „Streber“ waren mehr oder weniger knapp drüber – aber einsame Letzte mit großem Abstand und mehr als 8 Liter Verbrauch: Kahlert/Prüller. Wir haben uns keineswegs geschämt, sondern als heimliche Sieger gefühlt. Die VW-Techniker sind freilich ein bissl still und blass geworden …

Alkoholkontrolle

Präsentation des neuen Skoda-Rapid in der Nähe von Prag. Mit einem ÖAF-Bus fahren wir von Wien in die Tschechei. Werksbesichtigung (alt und schmutzig), dann in eine Datscha, mitten in herrlich-einsamen Föhrenwäldern, zum Mittagessen. Werksdirektor und Vizeminister usw. sind da. Mit Bier und Schnaps wird auf die „ewige" österreichisch-tschechische Freundschaft angestoßen. Okay, man ist ja Gast und höflich. Danach ein tschechisch-üblich fettes Essen. Abschluss (nach noch einem Schnaps): „Und jetzt können Sie den neuen Skoda-Rapid probefahren!" Denkste: Vor jedem Auto steht ein Polizist und sagt: „Leider, Sie haben Alkohol getrunken, in der Tschechoslowakei gilt 0 Promille." Die meisten Kollegen steigen in den Bus und denken sich: „Vergiss das Auto." In Wien bekommen wir den Rapid zur jeweiligen Heimfahrt. Meiner (mit der weitesten Heimreise) ist in Kufstein kaputt …

10 Jahre danach: Einschneiden um 10 Uhr Vormittag

Beruflicher Wechsel nach Innsbruck, Sportchef bei der „Neuen Tiroler Zeitung". Im Jänner 1974 mache ich eine Serie: „Unsere Medaillengewinner – 10 Jahre danach". 10 Jahre nach den olympischen Winterspielen 1964 in Innsbruck. Was machen sie, wie geht's ihnen, was haben sie erreicht? Manche kann ich nicht persönlich aufsuchen, wie etwa den Pepi Stiegler in den USA, aber der antwortet auf alle meine Fragen brav und schnell per Express-Brief.

Ein Wintermorgen. Ich fahre mit unserem Fotografen Wolfgang Zoller (der vor zwei Jahren viel zu jung verstorben ist) Richtung Arlberg. Wir haben einen Termin bei Egon Zimmermann, der 1964 am Patscherkofel den Abfahrtslauf gewonnen hatte, gegen 10 Uhr knurrt der Magen. Ich sage zu Wolfgang: „Geh ma was einschneiden?" Der tritt auf die Bremse, bekommt runde Augen, ist verblüfft: „Na, du bischt ja a wilder Teufel. Jetzt scho?" Ich: „Warum nicht, ein Paar Würschtl oder eine Fleischkässemmel." Da atmet er sichtlich auf: „Ah so", mittlerweile weiß ich als gelernter Tiroler, dass „einschneiden" im Heiligen Land die gleiche Bedeutung hat wie in Wien „vernaschen", also bissl einzweideutig …

Wie gut ist der Jara wirklich?

Im Frühjahr 1973 wechselte Kurt Jara als damals teuerster Fußballer Österreichs für 7 Millionen Schilling von Wacker Innsbruck ins spanische Fußballparadies, nach Valencia, „Krone"-Sportchef Michael Kuhn bat mich, beim Abflug in München dabeizusein und ein bissl was zu erzählen. Dabei waren einige Valencia-Funktionäre, der mächtige Manager Emil Österreicher und ein etwas nervöser Kurt Jara mit seiner Gattin Jolanda. Small talk, alles Gute, ich begleite die Gruppe zum Gateway. Da zupft mich Österreicher am Ärmel, hält mich zurück und flüstert: „Sagen Sie mal, wie gut ist der Jara wirklich?" – Ich wundere mich ein bissl, er wurde von den Spaniern ja tagelang geheim auch beim Training beobachtet. „Unser Bester", sagte ich – und das mit voller Überzeugung.

So leicht war Salami-Schmuggeln

Europacup 1978 mit Wacker Innsbruck in Stuhlweißenburg. Ein lieber, stets hilfsbereiter ungarischer Kollege (und auch jahrelanger „Krone"-Mitarbeiter), Mihaly Kozak, wechselt Schilling in Forint schwarz in seinem dunklen Wohnzimmer (er zog sogar vorsichtshalber die Vorhänge zu), wir speisen königlich auf der Fischerbastei, ich kaufe am nächsten Tag drei Stangen Salami, zwei Flaschen Barack. Als Auto hatte ich einen damals brandneuen Porsche 924 zur Verfügung gestellt bekommen. Beim Verstecken der Schmuggelware bin ich phantasielos: Barack zwischen Wäsche im Koffer, Salamistangen unter dem Fahrersitz. Wir kommen zur

Grenze. Scheinwerfer, Hunde, die berüchtigten Ostblock-Spiegel, um unters Auto sehen zu können. So ein damals exotisches Auto haben die Ungarn noch nie gesehen. „Was ist das für Auto¿" – „Ein Porsche." – „Kofferraum auf!" – Ich öffne die Heckklappe. – „Das ist kein Porsche! Porsche hat Motor hinten." – „Nein, das ist ein neuer Porsche, der hat den Motor vorne." Also wird neuer Porsche äußerst interessiert angeschaut und bestaunt – 5 Minuten später darf ich weiterfahren, mit unentdeckter Salami und Barack …

Sorry Clay!

Im September 1973 eröffnete Etienne Aigner in München einen Luxusladen. Stargast war Formel-1-Fahrer Clay Regazzoni, den ich kannte, weil ich in den Jahren zuvor ab und zu meinen Bruder Heinz zu den Rennen begleiten durfte. Die Hufeisen-Marke wollte Regazzoni sponsern, mit 100.000 Mark pro Jahr, wie er mir „ganz geheim" zuflüsterte, ich schrieb's. Das war Regazzoni nicht ganz recht, denn beim nächsten Grand Prix sagte er zu meinem Bruder: „Little Prüller is a bastard!"

Exklusiv – und keine Fotomontage

Fußballklub Wacker Innsbruck sucht 1977 einen neuen, attraktiven Trainer. Von meinen Ex-Kollegen in München erfahre ich an einem Sonntag, dass es am Montagvormittag im Münchner Hotel „Vier Jahreszeiten“ zu einem Treffen mit dem damaligen Wacker-Vizepräsidenten Rieder (Österreich-Chef der Firma Nordmende) und dem holländischen Startrainer Georg Kessler kommen wird, also ab nach München. Die kleine „NTZ“ ist exklusiv dabei, danach noch gemeinsames Mittagessen. Alles macht einen sehr guten Eindruck. Zur Pressekonferenz des Vereins um 18 Uhr gehe ich nicht, ich weiß eh alles, mache eine Seite plus Foto von Kessler, Rieder und mir, um auch optisch zu dokumentieren, dass wir exklusiv dabei waren. Unser übermächtiger Konkurrent, die „Tiroler Tageszeitung“, berichtet brav von der Pressekonferenz. Am nächsten Tag wird ihr Sportchef, der legendäre Tiroler „Sport-Papst“ Toni Thiel, von den Setzern blöd angesprochen: „Wieso hat das die kleine „NTZ“ und wir nicht, Herr Thiel?“ „Das ist ja eine Fotomontage, ihr Deppen“, antwortete er beleidigt. Erfahren habe ich das erst Jahre später …

Unfreiwilliger Porno-Darsteller

Nachtflug vom Automobilsalon in Tokio heim nach Wien. Der Jumbo ist schwach besetzt. Der Auto-Spezialist Gerhard Hertenberger (von der damals noch existierenden „AZ“) besetzt in weltmännischer Manier sofort eine Dreierreihe am Fenster. Ein Routinier, fliegt wahrscheinlich fast wöchentlich nach Japan, in die USA usw., denke ich mir. Er zieht sich auch sofort bis auf die Unterwäsche aus, schnappt sich eine Decke, wickelt sich ein, legt sich schlafen. Das provoziert ja einen Streich, also schleiche ich mit einem Kollegen zu ihm, wir nehmen sein ordentlich zusammengelegtes Gewand aus der Ablage und verstecken es diagonal am anderen Ende des Jumbos in einer anderen Ablage. Nach Stunden Zwischenlandung in Anchorage. Alle Passagiere müssten das Flugzeug verlassen, sagt die Stewardess. Der Herr Kollege wird geweckt, streckt sich, gähnt genüsslich, tappt nach seinem Gewand – die Ablage ist leer. Auch die davor und die dahinter. Da steht er eher hilflos mit seiner Decke um die Schultern da. Die Stewardess drängt: „Please take your clothes.“ Aber da war nichts. Wir klären sie auf: „Wissen Sie nicht, dass dieser Herr der berühmteste Porno-Darsteller von Österreich ist? Diesen Trick macht er immer!“ Riesengelächter, kurz vor der Landung haben wir den Armen erlöst, man ist ja nicht so gemein …

Warum Max Merkel gefeuert wurde

München, Frühjahr 1973. Ich war junger freier Sportjournalist bei „BILD“, graste alle Randsportarten (Leichtathletik, Tennis, Volleyball, Speedway) ab, weil sich die arrivierten Reporter nur für Bayern oder 1860 interessierten. Und mindestens dreimal pro Woche telefonierte ich am späten Abend mit Madrid. Mit Max Merkel, dem berühmten Fußballtrainer aus Wien, der vorher in München (1860) gearbeitet hatte, hier noch unglaublich populär war. Quasi von Wiener zu Wiener erzählte ich ihm die Neuigkeiten aus der österreichischen Fußballszene – und er mir die aus Spanien, im Juni wurde Merkel mit Atletico Madrid spanischer Meister. Ich gratulierte artig. Bleibt er als „König“ in Madrid (innerhalb von 18 Monaten Pokalsieger und Meister), kehrt er nach Deutschland zurück? Zwei Wochen später, gegen 22 Uhr, Max am Telefon: „Es ist nichts entschieden, alles wird teurer, als Meistermacher kann ich nicht fürs gleiche Geld weitermachen, ich habe die Nase voll, es waren zwei turbulente Wochen, einmal beim Bürgermeister, dann beim Verbandspräsidenten und schließlich beim Herrn Wichtig, ich habe den Autozug gebucht – aber ohne Retourkarte.“ Klar: Max wollte um mehr Geld pokern.

Das war am nächsten Tag meine große Story. Die Schlagzeilen-Könige von „BILD“ titelten: „Von Spanien habe ich die Nase voll!“

Mehr hat Merkel (der im Klubpräsidium nicht nur Freunde hatte) nicht gebraucht: Riesenwirbel in Spanien um den „strammen Max“. Im stolzen Spanien fordert man eine Entschuldigung, droht mit Ausweisung. Man will Merkel elegant loswerden.

In einem Kaffeehaus am Stacchus treffe ich dann Merkel erstmals persönlich, „Aha. Sie san also der Prüller. Sie ham mi mit der G'schicht soviel Geld gekostet, wie Sie in Ihrem ganzen Leben nie verdienen werden!" Na bumm! Hoffentlich hat er nicht Recht.

Trotz Gedächtnisprotokoll usw. war der Springer-Verlag auf Einlenken bemüht: Man bot Merkel einen Kolumnistenvertrag an. Seither beobachtet er vor der Saison alle Bundesliga-Vereine und gibt seine offen-ätzenden Kommentare ab. Im Nachhinein könnte er mir eigentlich dankbar sein, denk ich mir, wenn ich sie lese.

PS: Ein paar Jahre später schreibt ein „BILD"-Journalist Merkels Memoiren: „geheuert, gefeiert, gefeuert". Da kommt natürlich auch die Madrider Episode vor. Merkel: „Mich rief damals immer ein junger Reporter an. Sein Name war HEINZ Prüller." Ich hab's ihm längst verziehen ...

Robert Sommer

Beliebt wie auf Färöer

Die Färöer-Inseln, 18 an der Zahl, zwischen Schottland und Island im Nordatlantik gelegen, geben Millionen Vögeln ihre schaurig-bizarre Heimat. Am 12. September 1990 hatte allerdings die Fußballwelt uns Österreichern den Vogel gezeigt …

An diesen Tag denkt jeder Fan mit Entsetzen – er hat sich in unsere Herzen eingeprägt als nationales, sportliches Desaster. Die Demütigung einer Nation.

Unsere Nationalmannschaft, frisch von der WM in Italien gekommen, war damals gegen die Insel-Kicker, die noch nie zuvor ein offizielles Länderspiel bestritten hatten, 0:1 untergegangen – und zwar im schwedischen Landskrona, weil Färöer noch keinen Rasenplatz gehabt hatte!

Die „Krone" besuchte daraufhin diese seltsamen Eiländer, die wir am liebsten im Atlantik versenkt hätten. Und war erstaunt.

Statt Hiebe gab es nämlich Liebe. „Wir sind den Österreichern dankbar", erzählte der dortige Tourismus-Direktor dem überraschten Besucher aus Mitteleuropa, „weil durch dieses Fußballspiel kennen uns jetzt die Menschen überall in Europa. Sie wissen, dass es unser Volk gibt." Ein Volk mit eigener Sprache und Kultur, das aber noch immer zum dänischen Königreich gehört …

Die Reporter aus dem gekränkten Österreich trauten ihren Ohren nicht – wir besuchten sogar Torkil Nielsen, der mit seinem sensationellen Siegestor den 12. September 1990 zum rotweißroten Trauertag gemacht hatte. „Für uns ist das ein nationaler Freudentag, dafür werden wir euch ewig lieben", meinte der Kicker, der eigentlich Fischer ist. „Jedes Jahr an diesem Tag ziehen Hunderte Fans durch unsere Hauptstadt Tórshavn mit österreichischen Fahnen und ‚Austria'-Sprechchören. Als Zeichen unserer Dankbarkeit." Dann fahren sie in ihren klapprigen Booten übers eiskalte Meer rüber auf die kleine Insel, wo Nationalheld Nielsen wohnt, und feiern die ganze Nacht lang im Freien. „Nach meinem Tor gegen Österreich haben mir meine Landsleute dieses blaue Haus hier geschenkt", erzählte er freundlich, „das ist mittlerweile so etwas wie ein Wallfahrtsort geworden."

Auch Goalie Knudsen, der sonst statt Tore Schafe hütet, lächelte beim „Krone"-Besuch bescheiden. „Österreich", meinte der Nordmann, der gegen unser Team mit einer lächerlich anmutenden Zipfelmütze gespielt hatte, „hat hier auf den Inseln einen sehr, sehr guten Namen."

Jetzt wissen wir auch, warum das österreichische Fußball-Team zur Zeit so oft verliert: Es will uns überall in der Welt so beliebt machen wie auf den Färöer-Inseln …

Pelés Überraschung

Herrn Pelé besucht man nicht. Man fragt auch nicht um ein Interview, man bittet untertänigst um eine Audienz. Und dabei kann man durchaus überrascht werden …

Ich erinnere mich noch gut daran, dass ich die halbe Stunde, die wir im Foyer des piekfeinen Amsterdamer Hotels Intercontinental ausharren mussten, nicht als lästiges Warten empfand – sondern eher als Zeit der Besinnung. Man hatte irgendwie das Gefühl, dem größten Fußballer der Geschichte mit einer gewissen Reinheit in der Seele begegnen zu müssen. Wir tauschten Erinnerungen aus. Sprachen über seine drei WM-Titel. Und seine Ära als brasilianischer Sport-Minister.

Strenge Worte der beiden Manager rissen mich aber aus diesem sportesoterischen Ritual: „Yes, now!" Pelé hatte auf seinem Zimmer zu Ende diniert und empfing uns jetzt.

Ehrfurchtsvoll betrat ich gemeinsam mit dem „Krone"-Fotografen Gerhard Gradwohl die – was sonst? – Royal Suite. Und schwieg andächtig. So muss man sich früher vor einer Audienz bei Kaiser Franz Joseph gefühlt haben.

Dann plötzlich: ER erschien, Seine Majestät, der Fußball-Kaiser von Gottes Gnaden.

„Hey, sorry, dass ihr warten musstet", scherzte er völlig unadelig und begrüßte uns mit lässigem Handschlag. „Schaut mich an: Ich seh noch genauso gut aus wie früher! Auch meine Haare haben sich nicht verändert."

In perfektem Englisch – Pelé hatte in dieser Sprache maturiert und in New York Fußball gespielt – begannen wir mit einem Small-Talk. Dachte ich zumindest. „Wien ist eine wunderbare Stadt", schwärmte Edson

Arantes do Nascimento, wie der Fußball-Kaiser mit bürgerlichem Namen heißt. „Ich war vor ein paar Monaten ganz anonym da. Aber du hast mich nicht gesehen ..."

Dabei grinste er so schelmisch, als wäre ich ein Tormann – und er hätte mir den Ball aus 80 Metern ins Netz geschossen. Ich sah wohl auch ähnlich verdutzt aus ...

Wie bitte? Der größte Fußballer aller Zeiten war in MEINER Stadt, sah MICH (keine Ahnung, woher ER mich kannte) – und ich bemerkte IHN nicht?

„Ja, ja", lächelte Pelé, „so ist das Leben manchmal. Ich saß in der Bar des Wiener Grand Hotels und in der anderen Ecke fiel mir ein ungeschickter Gast auf, der zehn Minuten lang versuchte eine Zigarre anzuzünden. Es war zum Totlachen, sie ging immer wieder aus. Vor lauter Ärger bestellte er sich in der Zwischenzeit drei Gläser Whiskey ..."

Ich hätte bei dieser Erzählung langsam Eiswürfel gebraucht. Um mir das Gesicht, das rot anlief, abzukühlen.

„Es ging nicht anders, ich musste einfach hinschauen", berichtete die Fußball-Legende vom (angeblich) unvergesslichen Wien-Erlebnis weiter, „vielleicht lag's auch daran, dass dieser Gast in hübscher Begleitung war. Jedenfalls fragte ich dann später, der unglückliche Zigarren-Raucher war schon gegangen, einen netten Kellner: Haben Sie den Mann da gesehen? Der war echt komisch! Da sagte mir der Hotel-Angestellte: *Den Gast kenn ich zufällig, das ist der ... und er arbeitet bei der ...*"

Oh Gott, das war also wirklich ich! Zum ersten Mal in meinem Leben beobachtete nicht ich einen Superstar des Weltsports unbemerkt. Sondern er mich. Es wird wohl auch das letzte Mal gewesen sein ...

Gefährliche Reisen

Wenn einer eine (Sport-)-Reise tut, dann kann er was erzählen – vor allem, wenn es um Handball geht!

Bei Europacup-Auswärtsspielen der Hypo-Damen, die jahrelang die Besten der Welt waren, zitterten die Berichterstatter öfters um ihr Leben: zum Beispiel in Vilcea, das in der kommunistischen Ceausescu-Ära ein Hort ekelerregender Ungastlichkeit war. Die Attacken begannen schon im Hotel. Und ich meine gar nicht die Kakerlaken in den Betten!

Natürlich speisten wir mit der Mannschaft, wobei wir mit geschlossenen Augen an irgendwelchen Knochen knabberten, ein paar Körner Reis verdrückten und dann ein paar Flaschen Wodka leerten. Aber auch diese „Medizin“ half selten gegen die Magenschmerzen, die so sicher waren wie Dracula-Bisse im benachbarten Transsylvanien.

Heute wissen wir: Die Spieler(innen) aller Gast-Mannschaften in nahezu allen Sportarten wurden damals in den Hotels vergiftet – um sie zu schwächen!

Dabei wäre das in Vilcea gar nicht notwendig gewesen! In der Halle bekamen wir ohnehin Bauchweh: Die 5000 Zuschauer machten den Gegnern das Leben zur Hölle, immer wieder sprangen „Fans“ von der Tribüne aufs Parkett und schlugen auf die Hypo-Spielerinnen ein. Als die österreichischen Trainer und Masseure einschreiten wollten, wurden sie von den rumänischen Polizisten auch noch verprügelt …

Und wir Journalisten? Wir saßen mitten in der tobenden Masse – selbst in der ältesten Jean, die wir vorher noch absichtlich beschmutzt hatten, erkannte uns jeder Rumäne als westlich gekleideten „Klassenfeind“. Unsere Kugelschreiber wurden gestohlen, die Notizhefte zerfetzt, es gab Schläge von hinten und von vorne, Drohungen und Schmähungen. Einmal, als die Schluss-Sirene ertönte, liefen wir im Geschoss-Hagel der Zuschauer gemeinsam mit den österreichischen Handballerinnen in die Kabine. Und verbarrikadierten sie.

Raus konnten wir nicht mehr! Denn Hunderte „Hooligans“ belagerten uns, versuchten die Tür einzutreten und brüllten im angeblich so dekadenten, imperialistischen Englisch: „We kill you.“ Wir verstanden sehr wohl die Gefahr!

Da hatte Teamarzt Dr. Herbert Geisl, ein 120-Kilogramm-Bulle von einem Mann, die rettende Idee: Er drückte allen Injektions-Nadeln in die Hände. „Fuchtelt damit herum und schreit: AIDS, AIDS, AIDS.“ So tragisch das klingt: So konnten wir die Spielstätte, die uns an einen Horror-Film erinnerte, fluchtartig verlassen. Die „Gespenster“ fürchteten unsere „Waffen“ wie Vampire das Weihwasser …

Noch gruseliger ging's allerdings in Skopje zu – den 27. Mai 2000 werde ich in meinem ganzen Leben nicht vergessen!

Hypo hatte das erste Finale in der Champions-League daheim in der Südstadt mit 32:23 gewonnen. Dieser Vorsprung war aber nur ein sportliches Polster und kein Schutz gegen die 6000 hasserfüllten „Fans“: Die Zuschauer hatten Metallstangen mit und warfen damit gezielt auf die „Gäste“ – ein mazedonischer Bodyguard, der die Österreicherinnen schützen wollte, erlitt dabei einen Jochbeinbruch; uns Reporter bedrohte man sogar mit Messern, wir flüchteten aufs Spielfeld; Hypo-Manager Gunnar Prokop wurde bei der „Siegerehrung“ brutal niedergeschlagen; und EHF-Generalsekretär Michael Wiederer schrie wie wild: „Rennt in die Kabine!" Von dort gab ich dann meinen Bericht via Handy mit zittriger Stimme nach Wien durch …

Als ich damit fertig war, meinte der Redaktions-Kollege: „Gratuliere, super! Eine tolle Handball-Geschichte!" Ich hätte gern darauf verzichtet …

Chris Wikus

Sir Charles

Mein liebster Sport war immer Basketball; und mein Lieblings-Star aus diesem Bereich Charles Barkley. Nicht nur wegen seines Könnens: Der auf dem Feld meist so grimmige Riese hatte auch ganz andere Seiten …

Erstmals getroffen hatte ich ihn im Rahmen des Box-Weltmeisterschaftskampfes zwischen Evander Holyfield und George Foreman. Da es nur ein Katzensprung nach Philadelphia war und die 76ers am Abend vor dem Fight dort gegen die Boston Celtics spielten, nützte ich die Gelegenheit, mir auch ein Spiel der Profiliga NBA anzusehen. Bob Weinhauer, ein für Philadelphia arbeitender alter Bekannter, besorgte mir einen Platz gleich neben der Spielerbank und nahm mich nach dem Spiel auch mit in die Kabine des Teams. Ich gratulierte Barkley zu seiner Leistung und besonders dazu, wie er immer wieder jüngere Spieler aufgebaut hatte. „Woher“, fragte er, „kommst du?“ Vienna, Austria, Europe. „Und was machst du hier?“ Vom Box-WM-Kampf berichten. „Hast du schon was von Philadelphia gesehen?“ Nur die Basketball-Halle. „Zu wenig. Was machst du am Tag nach dem Fight?“ Kein Programm. „Dann“, sagte er, „zeig ich dir die Stadt. Sei um halb zwölf nach dem Training hier vor der Halle.“

Ein Scherz natürlich. Oder doch nicht? Besser, ich bin wirklich gestellt, gekampelt und gestriegelt.

Er war tatsächlich da. Überpünktlich. Und lieferte mich drei Stunden später und nach großer City-Tour wieder vor der Tür meines Hotels in Atlantic City ab …

Ein gutes Jahr später stand Charles 1992 in Barcelona in der Mannschaft der USA, war der beste Scorer der erstmals mit Spielern aus der Profiliga antretenden Amerikaner. Alle Welt stellte sich um Interviews mit den Superstars des „Dream Teams“ an; nur wenige Wünsche wurden befriedigt. Und telefonisch kam man überhaupt nicht in ihr Hotel durch.

Ich rief den alten Bob Weinhauer an: „Weißt du, wie man Charles erreicht?“ Er hatte keine Ahnung –, „aber ich geb’ dir die Handy-Nummer seiner (mittlerweile von ihm geschiedenen) Frau.“ Und die erreichte ich beim Einrichten ihrer neuen Wohnung – in Phoenix, Arizona.

So hatte die „Krone“ welt-exklusiv die Meldung des Barkley-Transfers von Philadelphia zu den „Suns“. Nur eben nicht ganz so groß aufgemacht, wie das kurz später in allen US-Zeitungen der Fall war.

Und die Zimmernummer im Hotel der USA in Barcelona und dann mein Interview mit ihm bekam ich auch noch ...

Ein paar Monate später machte ich nach einem anderen Boxkampf in Las Vegas einen Sprung nach Phoenix. Dort hatte man als Österreicher einen gewissen Bonus: Alvan Adams, früher selbst ein NBA-Star, war General Manager der „Suns“ – und die Familie seiner Mutter, eine geborene Hofstätter, kommt aus Fels am Wagram. Alvan schleuste mich beim Vormittags-Training ein, nahm mich dann mit in die eigentlich nur für Spieler und Offizielle des Klubs zugängliche Cafeteria. Beim Warten, bis alle geduscht und massiert waren, plauderte ich dort mit einem anderen Freund und erkundigte mich dabei nach dem Preis amerikanischer Dressen für die Basketball-Mannschaft, in der unsere Tochter spielte.

Die Summe war stattlich; viel zu stattlich. Aber mittlerweile war Charles Barkley gekommen und hatte sich am Nebentisch niedergelassen, also beendete ich die Verhandlungen.

Wir redeten einige Minuten über die Chancen der „Suns" auf den NBA-Titel, dies und das, er gab mir eine Autogrammkarte mit Widmung für unsere Tochter mit – dann wünschte ich ihm viel Glück und verabschiedete mich.

Rund drei Monate später bekam ich eine Verständigung vom Zollamt Wien Südbahnhof: Ein Paket aus den USA war abzuholen. Ein großes. Mit zwölf Leibchen und zwölf Hosen; in Weiß-Orange-Violett, den Farben von Phoenix. Und mit dem Aufdruck „Vienna Suns".

Ich bekam feuchte Augen. Nicht, weil der Zoll mehr kostete als zwei Garnituren Dressen in Österreich; nicht, weil das Paket statt Luftpost „normal" geschickt worden war und damit Weihnachten, für das es eigentlich gedacht war, um etliche Wochen versäumte.

Aber in Zeiten, wo man auf Schritt und Tritt von geldgierigen, egoistischen und verdorbenen Superstars hört und liest: Ist es nicht schön zu wissen, dass es auch andere gibt?

Jenseits von Afrika

Manchmal berichtet man als Sportjournalist nicht nur über Abenteuer, man erlebt sie auch selbst. 1986 zum Beispiel fuhr ich für eine Reportage im Team des Wiener Rallye-Abenteurers Rudi Stohl als Mechaniker bei der „Safari“ mit, der härtesten Rallye der Welt. Nicht bloß als Zuschauer, sondern wirklich als (zumindest Hilfs-) „Schrauber“.

Am Morgen des Starts erkundigte sich Gregg, Sohn des Werkstätten-Besitzers, in dem Stohl sein Auto vorbereitete, ob er in unserem Service-Bus mitfahren dürfe. Mein Partner Peter Schuller und ich waren überglücklich: Jemand, der sich auskennt und die Landessprache spricht. Eine riesige Hilfe …

Die erste Hoffnung hielt bis 100 Meter nach der Werkstättenausfahrt. Auf die Frage nach dem Weg nach Thika, unserem ersten Servicepunkt, antwortete Gregg nach kurzem Zögern: „Where is Uhuru Highway?“ Zum besseren Verständnis: Der, das wussten selbst wir schon lang, geht vom ersten Kreisverkehr bei der Werkstatt ab, zwei Gehminuten entfernt. Und ist die mit Abstand größte Straße Nairobis. Die Frage war so, als würde sich ein Wiener vor der Votivkirche nach dem Weg zur Ringstraße erkundigen.

Die zweite Hoffnung starb kurz später: Als wir Gregg erstmals nach dem Weg fragen ließen, sprach er nach einigem Zögern einen Mann am Straßenrand an. Auf Englisch …

Alles klar: 60 Kilo Ballast mehr.

Gregg ging, wie sich kurz darauf herausstellte, in London zur Schule, war auf Osterurlaub in Kenia. Aber der Schock für uns war klein im Vergleich zu jenem, der ihn etwas später traf: Er hatte gedacht, wir wären nach einem Ausflug von ein paar Stunden wieder daheim, hatte weder Essen noch ein Ersatz-T-Shirt dabei, wurde daheim zum Abendessen erwartet … aber wir hatten die gesamte Etappe rund um den Mount Kenya vor uns. Drei Tage, 3500 Kilometer …

Schon der erste Tag hatte es in sich, aber irgendwie überlebten wir ihn heil. Beim Abendessen mussten wir entscheiden: Sollten wir erst etwas schlafen und dann zu unserem nächsten Service-Punkt im Norden fahren – oder sollten wir sofort fahren und am Serviceort schlafen? Zum Glück fuhren wir sofort – sonst hätten wir es nie geschafft …

Der Weg konnte kein Problem sein. Dachten wir: Auf der Karte war vom Ausgangspunkt nur eine einzige, schnurgerade Straße eingezeichnet. Ohne eine einzige Abzweigung.

Aber nach fünf Minuten gabelte sich die Piste.

Knapp nach Mitternacht waren wir aufgebrochen. Knapp nach eins lagen wir in einem Flussbett: nach links hängende Durchfahrt, Schlamm – unten bremste uns ein Felsen. Wir arbeiteten uns wieder heraus – doch nicht einmal eine Viertelstunde später steckten wir in einem metertiefen Graben: linkes Hinterrad im Loch, rechtes Vorderrad in der Luft. Wir stiegen aus, hielten Kriegsrat, dann pumpten wir das Auto mit dem Wagenheber hoch, versuchten im Retourgang aus dem Graben zu kommen. Fehlanzeige – wir hingen wieder drin. Mit Ausnahme der hinteren Stoßstange: Die hatte sich beim missglückten Bergungsversuch vom Auto getrennt. Wir hievten den Wagen nochmals hoch, legten die Wagenheberstange über den Graben, balancierten darauf wie ein Akrobat auf dem Drahtseil …

Nach sechseinhalb Stunden Fahrt für wenig mehr als 100 Kilometer waren wir dort, wo wir hin gehörten. Gerade noch rechtzeitig, um Rudis Auto aufzutanken. Darüber hinaus war Gott sei Dank nichts nötig – wir waren so fertig, dass wir an jedem Handgriff mehr gescheitert wären …

Der unmögliche Anruf

Manchmal kommt man auf witzige Art zu Exklusiv-Geschichten.

Peter Moizi zum Beispiel ist nicht nur Sportredakteur der „Krone“, sondern auch ein begnadeter Stimmen-Imitator – erst zum Spaß und jetzt als Mitglied der „Comedy-Hirten“ schon richtig professionell.

Von Zeit zu Zeit quält er mit dieser Begabung natürlich auch Kollegen. Wann immer jemand zum Beispiel ein sensationelles Interview mit Herbert Prohaska oder Josef Hickersberger anbietet, ist man besser vorsichtig und fragt: „Hast du ihn angerufen oder er dich?“ Bei Variante zwei ist die Wahrscheinlichkeit nicht gerade gering, dass die knallharten, oft fast schockierenden und immer höchst schlagzeilenträchtigen Aussagen in Wahrheit aus Peters Mund kommen …

Ein Mensch, den er ebenfalls gerne quält, ist Armin Holenia – unter anderem Pressesprecher des Tennis-Turniers in St. Pölten. Nach einigen harten Erfahrungen schöpft aber auch der bei jedem Anruf, der so vööööllig unmöglich ist, Verdacht.

Also griff Armin nach einer eben solchen nächtlichen Nachricht auf seiner Mailbox sofort zum Handy und rief Moizi an: „Auf so einen Blödsinn fällt dir vielleicht jemand anderer herein, aber ich nicht …"

Die Nachricht war gewesen: Superstar Andre Agassi, mittlerweile leider zurückgetreten, ersucht um eine Wild Card für St. Pölten.

Nur: Peter Moizi wusste sich in diesem Fall völlig schuldlos. Und damit auch: Die Anfrage war wirklich echt.

Oft helfen auch Lausbubenstreiche der „Krone", Nummer eins zu sein …

Schmutziger Lorbeer

Boxen hat nicht unbedingt den besten Ruf – jetzt nicht und früher noch viel weniger. „Wie", wollte ich einmal in Las Vegas von Lou Duva wissen, dem damaligen Trainer von Schwergewichtsweltmeister Evander Holyfield, „war das denn wirklich in der Urzeit? Hat tatsächlich oft die Mafia bestimmt, wer einen Kampf gewinnt oder verliert?"

Manchmal, gab die Trainer-Legende zu, sicher; aber er selbst habe mit solchen Dingen natürlich nie etwas zu tun gehabt. Und Lou ist ein so reizender Mensch, dass man ihm das aufs Wort glaubt. Erst nach seinem dritten Bier bekam ich kleine Zweifel.

Da erzählte er von einem Mittelgewichtler aus Philadelphia, den er vor dem zweiten Weltkrieg betreut hatte. Vor der Qualifikation für seinen ersten Titelkampf war Frankie Carbo auf Besuch ins Camp gekommen, der Chef der Cosa Nostra an der Ostküste. „Diesmal", hatte er Duva mitgeteilt, „verliert dein Mann. Aber er bekommt seinen WM-Kampf in sechs Monaten – und dann gewinnt er.“

Lou, sagte er, habe natürlich empört abgelehnt.

Aber, es gibt ja Rekord-Bücher, in denen man solche Dinge nachlesen kann: Genau so geschah es. Wie der Zufall so spielt …

Manchmal gehen Boxer allerdings nicht auf Befehl k.o., sondern zum eigenen Schutz. In der guten Zeit von „Iron Mike“ Tyson hatten manche Gegner eine solche Heidenangst vor ihm, dass sie bei der ersten sich bietenden Gelegenheit in den Ringstaub tauchten und dort blieben, bis der Ringrichter sie ausgezählt hatte – nur um zu vermeiden, dass Tyson sie wirklich traf. Manche fielen mehr oder weniger vom Luftzug eines Schlages um, einer provozierte eine Disqualifikation gleich in Runde eins, bevor sein Gegner ihm ernsthaft weh tun konnte.

Aber keiner machte es so offensichtlich wie der Brite Julius Francis. Als er in Manchester im Kampf gegen Tyson flach lag, konnte man am Ring und – natürlich noch viel wichtiger! – im Fernsehen deutlich den Schriftzug eines Sponsors lesen. Auf seinen Schuhsohlen – die tatsächlich wesentlich länger sichtbar waren, als es eine Reklame auf der Hose gewesen wäre …

Abenteuerliches

Gerhard Allerstorfer

Kein blauer Brief

Am 1. Oktober 1985 wurde ich als Sportredakteur bei der „Oberösterreich-Krone" angestellt. Zuvor war ich beim Landesschulrat für Oberösterreich in der Dienstrechtsabteilung für Pflichtschullehrer. Sport war schon immer mein Hobby. Ressortleiter war damals Gunther Dressnandt, mein zweiter Kollege Reinhard Waldenberger. Weil der LASK damals im Europacup bei Inter Mailand spielte, durfte ich also in Linz alleine Dienst in der Redaktion versehen. Als am Abend wieder einmal das Telefon läutete, meldete ich mich wie immer: „Allerstorfer, Sportredaktion."

Die Stimme am anderen Ende der Leitung: „Kann ich den Herrn Hasenöhrl sprechen." Weil ich schon etliche Jahre freier Mitarbeiter war, wusste ich, dass Herr Hasenöhrl der Chefredakteur in der Salzburger Redaktion war. Also antwortete ich: „Nein, Herr Hasenöhrl ist in Salzburg." Der Mann am anderen Ende der Leitung: „Ja, das weiß ich, ich bin ja in Salzburg." Ich: „Nein, Sie sind in Oberösterreich in der Sportredaktion, mit wem spreche ich überhaupt?" Die Stimme am anderen Ende blieb ruhig und freundlich, sagte nur: „Hier ist Dichand, geben Sie mir bitte den Herrn Hasenöhrl." Ich erwiderte – über meine damalige Unverfrorenheit bin ich heute noch erstaunt – „Dichand? Ja, ja, das kann ja jeder sagen." Der Mann: „Warum glauben Sie mir das nicht, ich kann Ihnen ja nicht meinen Pass zeigen."

Ich, schon ahnend, dass da wirklich der Herausgeber dran sein könnte (gut, dass ich mit meinem immer röter werdenden Kopf alleine in der Redaktion saß) versuchte ein letztes Mal mein Heil: „Aber warum soll der Herr Dichand ausgerechnet in der Sportredaktion in Linz anrufen?“ „Lieber Herr“, entgegnete der andere Mann, „ich will ja zu Herrn Hasenöhrl und nicht in die Sportredaktion in Linz.“ Ich merklich nervös, murmelte eine förmliche Entschuldigung und dass es mir leid täte. Er sagte nur: „Schon gut.“

Nach diesem Erlebnis fürchtete ich tagelang, dass meine Tage bei der „Krone“ schon wieder gezählt sein würden. Doch es passierte nichts: Kein blauer Brief, kein Anruf. Auch bei den gelegentlichen Besuchen unseres Herausgebers in den Jahren danach, habe ich nie etwas davon erwähnt, doch vergessen habe ich die Geschichte bis heute nicht. Obwohl sie schon 21 Jahre zurückliegt. Ja, 21 Jahre. Inzwischen ist Gunther Dressnandt längst Pensionist, Reinhard Waldenberger Programmchef bei Radio Oberösterreich und ich bin Ressortleiter in der Linzer Sportredaktion.

Christof Birbaumer

Moderne Technik – Grenzgang zwischen Fluch und Segen!

Im April 2000 bekam ich vom damaligen Sportchef Michael Kuhn den Auftrag unseren „Herminator" Hermann Maier nach Jamaika zu begleiten. Dort fand im luxuriösen Half Moon Resort nahe Montegobay wieder einmal der Zehnkampf der Supersportler statt. Das Besondere daran: Maier war der erste europäische Sportler, der jemals zu diesem, eigentlich rein amerikanischen, Event eingeladen worden war. Also eine Geschichte wert und gleichzeitig ein toller, aber auch anspruchsvoller Auftrag für mich. Ich sollte Bild UND Text liefern.

Anreise schon eine Woche vor dem Wettkampf, da Maier die Ruhe und die sehr guten klimatischen Bedingungen auf Jamaika zum Training nutzen wollte und auch sofort einverstanden war von der „Krone" dabei beobachtet zu werden. Für mich bedeutete das allerdings täglich sehr früh aus den Federn – das Training begann meistens schon um 7 Uhr morgens. Grundsätzlich eigentlich kein gröberes Problem, allerdings kam die Zeitverschiebung erschwerend dazu: 1 Uhr früh Montegobay ist 9 Uhr morgens Wien – also die Zeit, zu der Hr. Kuhn informiert werden wollte, was war los und welche Bilder gibt's dazu.

Also „Büroarbeit" erst eine Stunde nach Mitternacht. Bilder nach Wien schicken dauerte damals aufgrund der schlechten Telefonleitungen ziemlich lange – pro Bild sicher zwischen 20 und 25 Minuten. Bei im Schnitt 5 Bildern hieß das, inklusive Geschichte schreiben, Bettruhe nicht vor 4 Uhr (und dann um sechs, halb sieben wieder raus). Das war dann über Tage schon ein wenig ermüdend und so kam es am fünften Tag, dass ich nach dem Start der Bildübertragung schlicht und einfach einschlief. Und erst um 11 Uhr wieder wach wurde! Es hat nicht lange gedauert, bis ich die Situation begriff: Die Telefonverbindung nach Wien besteht noch – ca. 10 US Dollar die Minute – ca. 9 Stunden – das macht über den Daumen ungefähr 120.000.- Schilling!

Als Folge sah ich nur zwei Möglichkeiten: selbst zahlen oder Hr. Dichand schmeißt mich sofort raus.

Das erste war nun eine eiskalte Dusche, danach ein sehr starker Kaffee an der Bar und dann der Gang zur Rezeption um die genauen Kosten dieses recht langen Telefonats zu erfahren. Die freundliche junge Dame hinter dem Tresen bemühte ihren Computer, druckte die Abrechnung aus und überreichte sie mir mit ernstem Gesicht: „A little bit expensive, Sir". Mir fiel das Herz in die Hose, trotzdem nahm ich den Zettel, blickte vorsichtig auf die Zahl ganz unten – 613 US Dollar! Zuerst konnte ich es nicht glauben, dann aber rief ich in Wien den Kollegen Mischling an, schilderte ihm die Situation und der erklärte, nachdem er seinen Computer befragt hatte: „Gestern hast du eine super Leitung erwischt, die Übertragung ging für Jamaika-Verhältnisse sehr schnell. Außerdem bricht das Empfangsmodem, wenn ein paar Minuten nichts mehr gesendet wird die Verbindung ab! Glück gehabt, Herr Kollege, du darfst weiter für die ‚Krone' arbeiten."

Verpasst hatte ich durch das späte Erwachen auch nichts – Hermann hatte sich entschieden auch auszuschlafen.

Der Herminator wurde sensationell Zweiter, die „Krone“ war über eine Woche exklusiv mit der Geschichte und ich bin heute noch dabei.

Tiroler Dialekte ...

Im Herbst 1999 wurde im Tiroler Oberland der mutmaßliche Vergewaltiger Robert H. (28) gesucht. Am 2. November entdeckten der Jäger Helmut Rudigier (69) und seine Frau Blandina (71) den Gesuchten auf der Niederelberhütte oberhalb von Kappl. Der Verbrecher bedrohte den Jäger sofort mit einem Küchenmesser, es kam zur versuchten Geiselnahme, in dem folgenden Handgemenge behielt aber die 71-jährige Ehefrau des Waidmannes die Oberhand. Der Mann wurde der Gendarmerie übergeben.

Also rückte ich (Christof Birbaumer, Fotograf) mit (dem noch recht jungen) Redakteur Andreas Moser ins 100 Kilometer entfernte Kappl im Paznauntal aus, um den Jäger zu interviewen. Da wir nur den Nachnamen kannten, führte uns die Suche nach dem Mann durch den gesamten Ort – der Mann musste letztlich aus einer Gemeinderatssitzung geholt werden. Nun saßen wir endlich mit der befreiten Geisel zusammen. Bereitwillig plauderte der Mann im tiefsten Paznauner Dialekt über sein Erlebnis, etwa 45 Minuten lang.

Das Pech dabei: Redakteur Moser stammt aus dem 150 Kilometer entfernten Alpbachtal (sozusagen vom anderen Ende Tirols) – offenbar eine Sprachbarriere wie zwischen Ostfriesland und dem Schweizer Engadin. Dennoch schrieb Redakteur Moser sein Notizbüchlein eifrig voll und nickte während der blumigen Schilderungen bedeutsam mit dem Kopf.

Eine halbe Stunde später, schon auf der Autobahn Richtung Innsbruck, schaute mich Redakteur Moser plötzlich fragend an und sagte: „Du Christof, was hat der Mann eigentlich gesagt ...¿!" Daraufhin ich: „Weißt du das nicht, du hast ja alles mitgeschrieben¿!" Moser daraufhin: „Ja, aber eher aus Höflichkeit, verstanden hab ich's nicht!"

PS: Gemeinsam konnten wir das Gesagte weitgehend rekonstruieren. Die Geschichte erschien wie geplant am nächsten Tag in der Tiroler „Krone".

Gabriele Brezovits

Der ungeschickte Albi Schneider …

Nach einem gewagten Köpfler rückwärts – ein Sessel im Produktionsraum war kaputt (alle Kollegen wussten es und warteten gespannt auf ein Opfer), merkte Albi Schneider, ein leider schon verstorbener Kollege der Niederösterreich-Redaktion, dass bei seiner Hose an einer ziemlich markanten Stelle die ganze Naht aufgeplatzt war. Die Hosenbeine wurden quasi nur noch durch den Bund und den Reißverschluss zusammengehalten. Gut, er hatte den Sturz ohne Schrammen überlebt, aber sollte er den Rest des Tages mit „offener" Hose durchs Pressehaus laufen? Der Chef der NÖ-Redaktion Dr. Pearson hatte eine geniale Idee und Albi war erleichtert: Man suchte „Gabrieles Nähstube" auf (zum damaligen Zeitpunkt häufig frequentiert wegen abgerissener Jackenknöpfe und dergleichen), brachte die Bitte mit gequältem Blicke vor und als Hobbyschneiderin ließ ich mich nicht lange bitten. So schnell hatte sich noch kein Mann vor mir ausgezogen. Ein fast nackter Mann in meinem Redaktionszimmer – jetzt war er mir ausgeliefert … und das in diesem Fall ganz sicher gerne.

Mörder unter uns?

Vor sehr, sehr vielen Jahren erreichte ein ergreifendes, anonymes Schreiben die Wien-Redaktion, das ich hier Buchstabe für Buchstabe wiedergebe:

Hoffentlich wird die Stadtbahn Meidling – Gumpendorferstraße nicht mehr in Betrieb genommen, den die toten was man in der Gumpendorfer halte stelle immer herausgetragen hat. Umgebracht werden sie bei der fahrt Meidling—Gumpendorferstraße. Einen toten hab ich gesehen.

Der Mann war frisch und munter, die Mörder müssen irgendein Mittel haben daran man Stierpt. Beim Mörder zuckte der Mantel, der Tote vorher noch Lebendig griff sich aufs Herz, Endstation Gumpendorferhaltestelle. Dann kam ein Neger, ich schreckte mich und stieg aus, der Neger schlug aufs Herz.

Wie die Mörder sietzen:
M= Mörder. Mann 1 schießt mit irgend etwas Frau 1 die läuft wenn der Mann Tot ist zum Fahrer und weint, einen Mann geht es schlecht. Ich bin der Frau 1 Nachgegangen und sie lachte

Und Warum Schönbrunn – Meidling. der Fahrer sagt Hier ist Endstation und dann in Meidling station steigt immer ein Desolater Mann aus. Ist das der nächste Kanditat

Bitte glauben Sie mir, ich meine das hier Ernst. Sehr ernst. Ich wiel meinen Namen nicht schreiben und Adresse. Wenn die die erfahren und sie Wissen der weiss unseren Mörder, ich will Alt werden.

Vermutlich schon morgen werde ich die Pressestelle der Verkehrsbetriebe um eine Stellungnahme ersuchen … und natürlich auch die Polizeidirektion Wien einschalten, Kommissar Rex um Unterstützung bitten, Agatha Christie, Derrick, Matula & Co engagieren … und die Stadtbahn(!) bleibt ab sofort in der Remise.

Bitte furzen …

Eine wichtige Mitteilung der Burgtheater-Direktion erreichte mich am 25. Februar 1999. Noch heute grüble ich, ob dies eine Faschingsmeldung war oder ein Test, wozu sich Redakteure hinreißen lassen würden.

Das Burgtheater ist auf der Suche nach einer vermutlich längst ausgestorbenen Spezies: Für Johann Kresniks Inszenierung „Wiener Blut" (Premiere am 1. April 1999) werden Flatulanten (Kunstfurzer) gesucht, die das klassische Repertoire beherrschen, sich aber insbesondere darauf verstehen, den Radetzkymarsch in entsprechender Weise und melodiesicher zu intonieren.

Bewerbungen bitte ausschließlich schriftlich und nach Möglichkeit mit einer Demokassette.

Werter Leser, ich glaube, dass ich mir ersparen kann, persönliche Kommentare abzugeben. Bis heute weiß ich allerdings nicht, ob – und wenn ja – wie viele Kunstfurzer vorstellig wurden. Das eher klassische Repertoire beherrsche auch ich, ob es aber auf „Befehl" – vor zahlendem Publikum – und dann noch melodiös erklingen könnte, daran zweifle ich schon sehr …

Hans-Peter Hasenöhrl

Wer weckt Hans Dichand?

Ein paar Tage als blutjunger Reporter bei der „Krone" und dann das! Mitten in der Nacht in diesem Sommer 1968 ein Anruf eines befreundeten Gendarmen aus Niederösterreich. Er habe durch Zufall so seltsame Funksprüche aus der Tschechoslowakei aufgefangen. Und für ihn sei es ganz klar: Die Sowjets sind einmarschiert. Im Außenministerium wusste keiner was.

Ein böser Traum? Oder vielleicht die große Chance? Sonderausgabe? Ich holte den Lokalchef aus dem Schlaf. Der hörte sich die Geschichte an. Sollte er auf Grund eines angeblichen Funkspruchs Hans Dichand wecken? Jedenfalls rief er den Chef des Auslandsressorts an. Dieselbe Reaktion. Er weckte den stellvertretenden Chefredakteur. Dieser nahm sich nach einer Schrecksekunde ein Herz und klingelte den Chef aus dem Schlaf. Der überlegte nicht lange und entschied blitzartig: Sonderausgabe!

Mit flauem Gefühl fuhr ich ins Pressehaus. Die ganze Druckerei war alarmiert worden. Wenn das Ganze nur eine Ente war?

Mit zitternden Knien betrat ich die Redaktion. Hans Dichand war da und klopfte mir auf die Schultern. Die Invasion war soeben offiziell bestätigt worden.

Die „Krone" war wenige Stunden später mit der Nachricht als einzige Zeitung auf den Straßen.

Paul Klimek

Sexwillige gesucht

Ein Mann in einem gehäkelten Damenbademantel, ein Tuch um den Kopf gewickelt will beim Anzeigenservice ein Inserat aufgeben – er suche noch für den selben Tag eine sexwillige Frau. Unser Mitarbeiter verweigert die Anzeigenannahme, worauf dieser zu schreien beginnt, er sei Gaddafi und gehe jetzt zu Kardinal Schönborn und klaue ihm zwei Kerzen!¿! Und die Polizei bräuchten wir gar nicht erst zu rufen, denn er habe einem Cobra-Mann die „Glock" (= Pistole) weggenommen und ihn anschließend „zerbissen" – er habe nicht die geringste Angst. Auf gutes Zureden verließ er dann doch die Halle, aber nicht ohne noch einen Schwall Kraftausdrücke von der vis-à-vis-Seite herüber zu brüllen.

Ein Mann im schwarzen Anzug kam zum Empfang und erklärte, Herr Dichand sei ein Mafia-Pate und ich sein Lakai. Er habe alle Beweise für diese Behauptungen schriftlich. Er fing an Kunden und Mitarbeiter zu belästigen, worauf ich ihn ersuchte, sich vor der Drehtüre abzukühlen. Er drehte daraufhin aber komplett durch, sodass er von der herbeigerufenen Polizei abgeführt werden musste.

Im Zeichen eines Kreuzes

Eine ältere Dame bittet um Hilfe, da ihr Nachbar ständig am Fenstersims sitze und sie mit einer unsichtbaren Kamera filme! Wenn sie die Vorhänge zuzieht, beschießt er sie mit Strahlen, die ihr fürchterliche Schmerzen zufügen, aber keinerlei Wunden hinterlassen. Ich gab ihr den Rat, ein Silberkruzifix zu nehmen, es ihm entgegenzuhalten und zu rufen: „Verschwinde."

Geraume Zeit später meldete sich die Dame wieder und berichtet voll Freude, dass der Rat gewirkt habe und sie jetzt Ruhe habe!

Geständnis am Parkplatz

Im Nachtdienst beobachtete ich einen fremden Burschen, der sich genau unter der Kamera an einem Motorrad eines Mitarbeiters zu schaffen machte. Das konnte und wollte ich nicht zulassen und ich frage ihn daher, ob ich helfen könne. Er begehrte eine Zange, damit er das verdammte Schloss aufbekommen könnte. Aus den Augenwinkeln heraus muss er meine Uniform erkannt haben und glaubte davonlaufen zu können. Leider stolperte er und versuchte sich unter einem abgestellten PKW zu verstecken. Beim Eintreffen der angeforderten Kripo streckte er ihnen die Hände entgegen und sagte: „Bitte, ich gestehe alles, aber lasst diesen Stier nicht mehr in meine Nähe." Im Zuge der Vernehmung stellte sich heraus, dass sein Strafregister so lang ist wie sein armseliges Leben.

Nettes Mädel im Pressehaus

Am frühen Vormittag betritt ein hübsches Mädchen die Halle des Pressehauses und will zum Chef, im Büro kennt sie niemand und somit bleibt ihr der Weg versperrt. Sie ist sehr redselig und berichtet, dass sie erst vorige Woche aus der Psychiatrie entlassen wurde. Auf meine Frage, wie man dort hinkommt, sagt sie, ihr Freund sei ein solcher Idiot, denn er habe ihr, obwohl er wusste, dass sie keinen Slip anhatte, den Minirock weggenommen, was wiederum die Polizei nicht sonderlich gut fand und sie einweisen ließ. Scherzhaft frage ich, ob sie wenigstens daraus gelernt habe und heute Unterwäsche trage? – Worauf sie den Rock hob und ihre Blöße zeigte …

Gespräch mit Briefkasten

Eine attraktive Dame betrat die Halle des Pressehauses und bat darum, einen Reporter sprechen zu dürfen. Ich gab ihr die Klappennummer und sagte ihr, in der Halle rechts zwischen Fenster und gelbem Postkasten befindet sich das Haustelefon. Ich musste mich um andere Kunden kümmern und hörte plötzlich ein Klappern, worauf ich schaute, was das sein könnte. Wenn man es nicht mit eigenen Augen gesehen hätte, würde man es nicht glauben: Die Lady sprach in den Briefkasten und beschwerte sich, dass niemand antwortete, worauf ein Kunde sagte, der Kollege sei wahrscheinlich aufs WC gegangen und in lautes Gelächter ausbrach. Die Dame verließ darauf schleunigst das Haus.

Bombe oder was ...?

Ein PKW kam ohne Licht die Einfahrt herauf. Ein Mann mit Cowboyhut und langem Mantel stieg aus, warf eine Schuhschachtel in den Haupteingang, sprang in sein Auto und verschwand in der Dunkelheit. Ich muss gestehen, dass mir beim Anblick der mit Klebeband, Spagat, Draht und Isolierband verschnürten Schuhschachtel nicht wohl war. Ich sperrte den Haupteingang ab und verständigte die Polizei, die feststellte, dass das sehr verdächtig sei, und das Bombenkommando anforderte. Die Spezialisten brachten den Karton auf die Wiese und begannen vorsichtig ihn zu öffnen. Als er schließlich geöffnet war, brachen alle in helles Gelächter aus – der Inhalt war für unsere „Tierecke" bestimmt. In dem Paket befanden sich Leinen und Beißkörbe!

Werner Kopacka

Mitte Oktober und eine Flasche Rum

Der Mann hieß Leo Umundum und hatte sich seinen Lebensunterhalt in der ehemaligen Fohnsdorfer Kohlengrube verdient, ehe ihn das Fernweh gepackt hatte. Irgendwann in den 60er-Jahren des vorigen Jahrhunderts hatte er in Genua ein Auswandererschiff bestiegen. Jetzt war er Australier. In seiner neuen Heimat hatte er alles probiert: Sich auf Farmen abgemüht, in Minen gearbeitet, auf den Zuckerrohrfeldern Queenslands geschwitzt. Letztendlich war er zum endgültigen Aussteiger geworden. Auf den Inseln der Torresstraße, zwischen dem Nordostzipfel Australiens und Neuguinea gelegen, hatte er am Strand ein kleines Schiffswrack gefunden, monatelang von Erschnorrtem und Gelegenheitsjobs auf der Hauptinsel Thursday Island am Strand gelebt, es geduldig restauriert und mit einem Uralt-Dieselmotor ausgerüstet. Das Boot war fortan sein mobiles Heim und er lebte ein unbeschwertes Gammlerleben als Inselhüpfer. Das Geld für das Nötigste verdiente er sich mit dem Fischfang und mit Arbeiten, die er für den Leichenbestatter von Thursday Island – einem ausgewanderten Ostdeutschen – verrichtete. Der „steirische Robinson". Die „Krone bunt" war noch in den Kinderschuhen und unser Herausgeber hatte damals schon ein großes Herz für gute Abenteuergeschichten gehabt. Wir hatten von einem Fohndsorfer Bekannten von der Existenz des Herrn Umundum erfahren. Aber: Wie kontaktiert man einen, dessen ständiger Wohnsitz ein „Schinakl" ist, das in der Torresstraße herumschippert? Es war ein Brief – „poste restante" Thursday Island –

der ihn (auf Rat des Fohnsdorfer Freundes) schließlich erreichte. Auf unsere Frage, ob wir ihn einmal besuchen könnten und was wir ihm aus der Heimat mitbringen sollten, kam folgende Antwort: „Mitte Oktober und 'ne Flasche Stroh-Rum wäre ganz schön.“ Es war das Jahr 1981.

Wir – Fotograf Jürgen Radspieler und ich – besorgten uns mit der Erlaubnis unseres Chefs Hans Dichand Flugtickets, kauften eine Flasche Stroh-Rum und flogen los. Fliegen war damals noch wesentlich komplizierter als heute. Wir konnten nur bis Cairns buchen – „dort müssts dann selber schauen, wies weiter kommts“ hatte man uns im Grazer Reisebüro gesagt. Cairns war schön, recht tropisch, mit dem Großen Barriere Riff vor der Türe, aber dafür hatten wir keine Zeit. Es war der 14. Oktober und Leo hatte ja geschrieben, er würde Mitte Oktober auf uns warten. Mitte, das konnte ein breit gedehnter Terminbegriff sein, es konnte aber auch den 15. (also exakt die Mitte) betreffen. In Cairns gab es nur eine Linie, die „Bushpilot Airways“, die Thursday Island anflog. Ich glaube, nur einmal pro Woche. Wir hatten einerseits das Glück, dass am nächsten Tag ein Flug ging, andererseits das Pech, dass alle Flüge nach Thursday Island für die nächsten drei Wochen total ausgebucht waren. Welche Blamage. Und wie sollten wir Herrn Dichand später erklären, dass wir zwar nach Australien geflogen waren, aber die so groß angekündigte Story nicht machen konnten. Das Ende unserer „Krone“-Karriere schien nahe. Wir irrten völlig verzweifelt durch Cairns (Bars zur Kummer-Ertränkung gab's ja) und endeten schließlich spätabends in einem Reisebüro, das zu unserer Überraschung noch geöffnet hatte. Australien ist eben anders. Dort hockte ein echter Aussie mit Cowboyhut und wir klagten ihm unser Leid. „Hey Boys“, sagte der Hutträger und holte drei Dosen Bier aus dem Kühlschrank. Ihr seid in Australien – und zwar in jenem Teil, in dem das meiste Bier getrunken wird. Ich garantiere euch, dass es morgen früh einige Passagiere geben wird, die einen solchen Kater haben, dass sie den Abflug versäumen. Geht einfach hin und wartet!“ Taten wir. Passagiere kamen, checkten ein, wir warteten. Schließlich ging es ja – wie wir überzeugt waren – um unsere Karrieren. Und tatsächlich. Am Ende waren exakt zwei Plätze frei und wir stapften jubelnd über die wackelige Gangway in den Bauch des zweimotorigen Inselhüpfers. Landung am späten Vormittag. Wir waren auf Thursday Island – in einer kleinen Stadt mit vielen bunten Häusern und etwa 3000 Einwohnern. Viel größer, als wir es uns vorgestellt hatten. Wo zum Teufel sollten wir hier den Leo Umundum treffen? Er hatte ja nur geschrieben, dass er Mitte Oktober auf der Insel auf uns warten würde. Aber wo? Wir checkten halt einmal im größten Insel-Hotel, einer Bretterbude mit dem hochtrabenden Namen „Royal Hotel“, ein und setzten uns danach an die Bar. Ich fragte den „Bar-Man“, ob er einen Mann namens Umundum kenne. Umundum. Ich versuchte auch die englische Aussprache. Amändam. Nix. Nur amüsiertes Kopfschütteln. Dann probierte ich es mit der Erklärung unserer misslichen Lage. Wir seien Journalisten aus Austria und hierher gekommen, um einen anderen Austrian zu treffen. Er habe ein Boot und sei meist auf den Inseln unterwegs. Leo sei sein Name. Leo Amändam. Da hellte sich das Gesicht des „Bar-Mans“ plötzlich auf. „Oh, you mean Leo the Austrian!“ „Yeeees“, schrie ich, „kennst du den?“ Das darauffolgende Nicken werde ich nie vergessen. Hoffnung. Gewissheit. Endlich am Ziel! „And where is he?", fragte ich. Sein Schulterzucken stieß mich aber sofort wieder ins schwarze Loch. Er käme manchmal hierher, sagte der Mann, aber er sei schon lange nicht mehr da gewesen. Keine Ahnung, wo er sich gerade herumtriebe. Peng. Alles aus. Ende. Doch kein Leo. Wie konnten wir nur so blöd sein, unsere Karriere für eine Geschichte zu riskieren, die nur auf einem in holprigem Deutsch geschriebenen Brief eines uns völlig Unbekannten aufgebaut war? Wahrscheinlich hatte er längst vergessen, dass er ihn überhaupt geschrieben hatte. Wir aßen ein überraschend gutes Steak, tranken ein Bier und beschlossen, am Abend den Stroh-Rum selbst auszusaufen und uns dabei Gedanken über unsere weitere berufliche Zukunft zu machen. Es war Punkt zwölf Uhr, also exakt die Mitte von Mitte Oktober, als die saloonähnlichen Flügeltüren der Hotel-Bar aufgingen und ein kleiner, drahtiger Bursche eintrat. Sonnengebräunte Lederhaut, kaum noch Haare am Kopf. „Da ist er ja", sagte der „Bar-Man." „Wer?", fragte ich. „Leo", sagte der „Bar-Man", „Leo the Austrian!" Wir sprangen von den Hockern wie zwei Kängurus, stürzten auf den Ankömmling zu und schrien unisono: „Servas Leo!" Dieser schien überhaupt nicht überrascht zu sein. „Ihr seids die Steirer", sagte er, „es ist Mitte Oktober und ich bin da!" Später erklärte er uns ebenso trocken, dass er eine, vielleicht zwei Stunden lang auf uns gewartet hätte und dann mit seinem „Schinakl" wieder weggefahren wäre. Wir verbrachten anschließend eine Woche mit ihm auf seinem Boot, tuckerten von Insel zu Insel, fingen Haie und durften auf einer einsamen Insel Riesenschildkröten beim Eierlegen beobachten. Wir durften das Leben

eines außergewöhnlichen Menschen miterleben und erhielten tiefen Einblick in eine seltsame Lebensphilosophie, die sehr viel mit unbeschwertem Glück und tiefer Zufriedenheit zu tun hat. Am Ende wurde es eine achtseitige Reportage in der „Krone bunt". So viel Platz für eine Story gibt's heute nicht mehr. Vielleicht auch deshalb, weil es kaum noch solche Geschichten gibt ...
Ich weiß nicht, ob Leo heute noch am Leben ist. Aber vielleicht treffe ich ihn wieder einmal. Mitte Oktober irgendeines Jahres.

„Objektiver" White-House-Diebstahl

Es war damals, als der alte Bush noch Amerika regierte. Nicht George „Double Yu", sondern George HW (Herbert Walker) Bush. Und der war ein guter Freund unseres US-Österreichers Nummer eins, Arnold Schwarzenegger. Während der Präsidentenjahre von George HW (1989 bis 1993) war der mächtige Steirer Vorsitzender des Nationalen Rates für Fitness und Sport und durfte in dieser Funktion sogar ein Büro im Weißen Haus benutzen. Einmal im Jahr veranstalteten Bush senior und sein Fitness-Berater damals auf dem Rasen vor dem Weißen Haus in Washington den „National Fitness Day". Alles, was in der Nation Rang und Namen hatte – und auch viele Hollywood-Freunde des steirisch-amerikanischen Fitness-Gurus – marschierte an diesem Tag dort in mehr oder weniger schmucken Trainingsanzügen auf, um der Nation vor den Kameras aller bedeutenden TV-Stationen einzuhämmern, wie wichtig und gesund richtige Bewegung ist. Da wurde geturnt und gelaufen, gehopst, gespielt und getanzt, was das Zeug hielt. Arnold Schwarzenegger, mich und unseren „Krone"-Fotografen Christian Jauschowetz verbindet eine langjährige (steirische) Freundschaft, die dazu geführt hat, dass „Krone"-Leser stets als weltweit Erste über die Dreharbeiten aller neuen Filme des „Terminators" informiert wurden. Diese Freundschaft führte auch dazu, dass wir als einzige österreichische Journalisten live bei einem solchen „Nationalen Fitness Tag" dabei sein durften. Mitten unter den Polit- und Filmstars. Ich glaube, es war im Jahr 1992. Um in jenen Bereich des Geländes gelangen zu dürfen, in dem sich die Stars aufhielten, hing man uns nicht nur jede Menge an Akkreditierungskarten um, wir mussten auch durch jede Menge von Sicherheitsschleusen. Schließlich würden wir ja dem Präsidenten und seiner Gattin Barbara Auge in Auge gegenüberstehen dürfen. Und dafür muss man schon absolut „security-proof" sein. CIA, FBI und wer auch sonst noch für die Sicherheit verantwortlich war, kamen nach vielen Kontrollen schließlich zum Schluss, dass Christian Jauschowetz, seine Fototasche und ich mit meinem Notizblock an diesem Tag kein Sicherheitsrisiko darstellen würden. Wir durften uns frei zwischen Filmstars, dem Präsidenten und dessen sportelnder Gattin bewegen. Es war ein wahrhaft bewegendes Erlebnis. Bis Christian Jauschowetz plötzlich fieberhaft in seiner Fototasche herumzukramen begann, immer unruhiger wurde und schließlich mit Bestimmtheit feststellte: „Jemand hat mir mein Weitwinkelobjektiv gestohlen!" Unmöglich, bei dieser Security, sagte ich. Such es nochmals. Wahrscheinlich ist es in einer Seitentasche. Nix. Kein Objektiv. Und zwar gerade zu jenem Zeitpunkt, als er es unbedingt gebraucht hätte, um Schwarzenegger samt Präsidentenpaar von seinem Standpunkt aus ideal für die „Krone" (ein Seite-Eins-Bild war geplant) richtig abzulichten. In unserer Verzweiflung wandten wir uns an einen ebenfalls privilegiert akkreditierten US-Fotografen, der ebenso wie „Jauschi" auf Canon (wahrscheinlich fur das Weiße Haus) arbeitete, und baten ihn, uns „nur für ein paar Sekunden" sein Objektiv zu leihen. Dummerweise (für ihn) tat er es. Zum Entsetzen des vorhin noch so netten Foto-Kollegen war Christian Jauschowetz aber plötzlich verschwunden. Dieser hatte nur mich als „Sicherheit", zog mich permanent am Ärmel und forderte sein Objektiv zurück, weil er ja jetzt auch die entscheidenden Bilder damit machen musste. Aber ich hatte es nicht und die „Krone“ hatte am Ende die „objektiv“ besten Fotos. Nett war's nicht, was der „Jauschi“ da getan hatte – aber wahrscheinlich sehr professionell. Die Angst des Fotografen vor dem „Nicht-Foto“ ist manchmal eben stärker, als ein rasches Versprechen. Übrigens: Der Ami-Fotograf war am Ende auch wieder zufrieden, weil er sein Objektiv zurückkriegte und wir ihn mit jenen Bildern versorgten, die er aus Objekivmangel selbst nicht schießen konnte. Christian Jauschowetz stand danach jedenfalls nicht auf der „Watch List“ der US-Pressefotografen. Verärgert war er dennoch. Denn das Objektiv war weg. Und weil es ihm keine Ruhe ließ, schleppte er mich am nächsten Tag zum Weißen Haus zurück, weil er den Diebstahl dort melden wollte. Was wir ernteten, war helles Gelächter. „Sie glauben doch nicht im Ernst, dass hier gestern etwas gestohlen wurde“, sagte der uniformierte Hüne, den man uns als zuständigen Mann genannt hatte, „so viel Security und so viele wachsame Augen hat es hier kaum zuvor gegeben! Wahrscheinlich hat es jemand bei ‚Lost and Found‘ hinterlegt!“ Dort war es auch nicht. Was uns zum Schluss führte, dass manche Diebe eben doch schlauer sind als die geballte Kraft der US-Sicherheits-Elite …

Hans Licha

Krawatten-Muffel im Petersdom von Kollegen gerettet

Am 24. November 1996 wurden die beiden Tiroler Patres Otto Neururer und Jakob Gapp von Papst Johannes Paul II. im Petersdom zu Rom selig gesprochen. Für die „Krone“ durften mein Kollege Christof Birbaumer als Fotograf und ich selbst von diesem denkwürdigen Ereignis berichten.

Im Petersdom zeigte Christof dem riesigen Schweizer Gardisten seine Akkreditierung. Zu seiner Verwunderung ließ ihn dieser aber nicht passieren. „Ohne weißes Hemd und Krawatte haben Sie hier keinen Zutritt!“, sagte der Gardist knapp und schroff. Oje! Christof, ein bekennender Krawatten-Verweigerer mit schwarzem Rollkragenpulli, war ansonsten bestens geschalt. Aber, das nützte ihm nichts.

Ich selbst saß schon auf meinem Platz, als ich Christof hinter mir keuchen hörte: „Hans, um Gottes willen! Gib mir dein weißes Hemd und deine Krawatte! Ich komm sonst nicht hinein. Und wenn wir keine Fotos liefern, ist alles aus! Den Text stoppeln wir schon irgendwie zusammen!“

Ich sagte ganz ruhig: „Nein, Christof, so machen wir das nicht.“ – Der Verzweiflung nahe, zischte Christof: „Mensch, Hans! Zieh sofort dein Hemd aus, sonst …“

Ich sagte wieder ganz ruhig: „Nein, Christof. Ich muss mein Hemd nicht ausziehen.“ Ich öffnete meine

Tasche. „Weißt du, meine Frau gibt mir bei solchen Anlässen immer ein Ersatzhemd und eine Ersatz-Krawatte mit. Sollte ich die erste Garnitur anschwitzen oder anpatzen. Auf meine Irene ist halt immer Verlass."

Christof starrte mich ungläubig und panisch an. Vermutete er doch hinter meinen Worten zunächst nur einen schnöden Pflanz. Ich aber packte seelenruhig mein Ersatzhemd und meine Ersatz-Krawatte aus, beides in Zellophan anmutig verpackt. Christof starrte zunächst ungläubig darauf. Dann packte er das rettende Gewand und verschwand damit im Laufschritt in einem der seitlichen Beichtstühle ...

Man muss auch erwähnen, dass meine Konfektionsgröße bei etwa 60 liegt und Christof mindestens um 16 Nummern kleinere Hemden trägt. Aber irgendwie hatte er es geschafft, mein weißes Zelt am hinteren Ende zusammenzubinden. Und mit breiter Brust und Irenes handseiden-selbstgemalter Krawatte schritt er, vorbei an dem ungläubig dreinblickenden Schweizer Gardisten, zu seiner Arbeit und schoss im ehrwürdigen Petersdom vom Papst und von Gapps und Neururers Seligsprechung die herrlichsten Fotos!

Hannelore Mezei

Eine Nacht in Venedig

Ein Jahr lang hatte ich nun schon Erfahrung mit Mord, Totschlag, Einbruch und ähnlich sensiblen Themen gesammelt. „Junge Journalisten lernen am meisten in der Lokalredaktion“, beruhigten mich die „alten Hasen“ der Grazer „Kronen Zeitung“ immer wieder, wenn ich versuchte, meine zartbesaitete Seele ins Spiel zu bringen. Was sie mir verschwiegen, war die Tatsache, dass ein Kriminalreporterjahr mit sieben Menschenjahren gleichzusetzen ist.

Solcherart also vorzeitig gealtert, stand mein Entschluss eines Tages fest: Ich brauche zum Ausgleich pure Schönheit um mich! „Richtig, wir fahren nach Venedig einkaufen“, lenkte mich Kollegin Karla Leinert sogleich in die beste aller Richtungen. Mit von der Partie war schließlich auch der ebenso schönheitsreife Jungkollege Manfred Niederl. Da sich Reise- und Einkaufslust mit den finanziellen Möglichkeiten dreier Jungjournalisten nicht so richtig die Waage hielten, hatte Karla Leinert eine besonders billige Pension gebucht: 50 Schilling pro Nacht für ein Doppelzimmer, 30 für Manfreds Einzelzimmer. Sogar vor 30 Jahren schon ein Schnäppchen!

Um drei Uhr früh machten wir uns also in einem fast schrottreifen Mini auf den Weg. Da keiner von uns dreien Venedig kannte, war der erste Eindruck natürlich unvergesslich. Ebenso unvergesslich ist uns aber auch die billige Pension in einem etwas baufälligen Palazzo geblieben. Während man Manfred sein Einzelzimmer zuwies, inspizierten wir unser Doppelzimmer mit Dusche. Es handelte sich um einen Saal von etwa 100 Quadratmetern mit mindestens sechs Meter Raumhöhe. Die 100 Quadratmeter waren mit fünf Eisenbetten und sonst nichts möbliert. Naja, wer braucht schon einen Kleiderkasten? In der Absicht, uns in der Merceria eine komplette Garderobe zuzulegen, hatten wir ohnehin fast kein Gepäck.

Aber wo war die Dusche? „Doccia, prego?!" Die Vermieterin zeigte exakt in der Mitte des Saales nach oben. Am höchsten Punkt des Plafonds war ein Duschkopf angebracht, daneben hing ein sechs Meter langes Seil, das man ziehen musste, um den Wasserfluss (aus dieser Höhe wohl eher den Wasserfall) in Betrieb zu setzen. Selbstverständlich gab es weder einen Duschvorhang noch sonst eine Abtrennung vom restlichen Zimmer, immerhin jedoch einen Abfluss. Aber 50 Schilling Zimmerpreis sind ein unschlagbares Argument, wenn man alle verfügbare Barschaft in Boutiquen veranlagen möchte.

Mitten in unsere Überlegungen platzte Manfred, Verzweiflung in Person. „Jöh, ihr habts so viele Betten. Darf ich bei euch schlafen?" Unsere Frage nach seiner geistigen Befindlichkeit („Spinnst?") beantwortete er mit der Bereitschaft, uns sein Zimmer zu zeigen. Es war winzig, fensterlos und ähnelte einer Gefängniszelle. Alles kein Problem, wäre da nicht die Sache mit dem WC gewesen. Durch das musste man nämlich durch, um sein Zimmer zu betreten! Hätte er ebenfalls in Kauf genommen (30 Schilling!) – bei alleiniger WC-Benützung.

Doch Manfreds „Vorzimmer" war als stiller Rückzugsort für alle Pensionsgäste gedacht ...

Nachdem Manfred uns in grellen Farben seine Situation im Falle eines in der Pension um sich greifenden Darmvirus geschildert hatte, waren wir mürbe. Er durfte bei uns nächtigen. Unter der Bedingung, dass er sich die Augen zuhielt, wenn wir duschten. Ob er dies tatsächlich tat, wissen wir bis heute nicht. Schließlich war er nach Venedig gefahren, um einen Ausgleich zum Lokalredaktionsalltag zu finden: nämlich Schönheit.

Hannes Mößlacher

Leiden eines Gourmets

Albrecht Schneider war einer der „Geburtshelfer“ der „Kärntner Krone“. Doch nicht nur das: Er wusste seine Zeit im südlichsten Bundesland auch ob der Lebensqualität durchaus zu genießen. Immer wieder stellte er einem kleinen Kollegenkreis sogar seine Kochkünste unter Beweis. Und der „Albi“, der konnte kochen!

Die Zutaten für die kleinen, feinen Diners schleppte der Kenner aus ganz Österreich an. Wobei ihn wechselhafte Schicksale ereilten. Zunächst war da eine Dienstreise ins Gebiet der „Grutschn“, einem nur in Kärnten bekannten, kleinen Bergübergang in Unterkärnten. Von dort kehrte Schneider erst mit erheblicher Verspätung zurück und offenbarte der staunenden Kollegenschaft sofort unumwunden, warum. Er hatte vom Autofenster aus – er war nie als Raser in Verruf geraten – einen „Schwammerlwald“ entdeckt und der Versuchung nicht widerstehen können. Während er seine Geschichte in die Tastatur hämmerte, begann er denn auch mit Seelenruhe seinen Schatz zu putzen. Das ganze Büro roch nach Pilzen, allerdings konnten auch die erfahrensten Sammler unter den Kollegen nicht einmal die Hälfte von Albis Ernte identifizieren, geschweige denn als ungiftig erkennen. Doch unseren Gourmet störte das nicht, er putzte weiter und verschwand irgendwann unter misslaunigem Grummeln, weil wir ihm nicht die Zeit einräumen wollten, die Pilze schnell und fachgerecht genug aufzubereiten. Wochen später servierte er einen Teil seiner Beute – eingelegt in Essig, großteils kohlrabenschwarz verfärbt. Alle, die gekostet haben, leben übrigens noch. Vielleicht auch deshalb, weil Albi zum Schwammerlmahl keinen Alkohol servieren konnte. Zwar hatte er aus seiner Heimat Niederösterreich extra einen halben Kofferraum voll bester Tropfen nach Kärnten gekarrt, diese dann jedoch im Auto liegen lassen und den ersten strengen Frost unterschätzt. Der alte Audi 100 war eines Morgens mit einer „Weinplatte" verstärkt – fast alle Flaschen waren geborsten …

Papst Benedikt XVI. und die „Krone"-Schlagzeilen

Jänner 2006, gemeinsam mit Kärntner Dechanten steht der Besuch einer Papstaudienz in Rom auf dem Programm. Da musste klarerweise ein Geschenk mit und was wäre geeigneter gewesen als ein „Krone"-Schlagzeilenbuch mit dem Konterfei von Benedikt XVI. auf der Titelseite. „Krone"-Redakteur Fritz Kimeswenger stand also mit leicht schlotternden Knien in der riesigen, mit 15.000 Besuchern gefüllten Audienzhalle und wartete darauf, dem Heiligen Vater den Ring küssen und das Buch überreichen zu können. Denn Kärntens Bischof Alois Schwarz hatte diese persönliche und außerprotokollarische Begegnung möglich gemacht. Und da stand er plötzlich, Benedikt XVI. höchstpersönlich. Begrüßung und Geschenküberreichung war die eine Sache, ein Foto davon zu machen, die andere. „Nix da, kein Foto!", grantelte der junge Privatsekretär des Papstes und nahm ihm die gebundenen Schlagzeilen sofort aus der Hand. Es kam auf jede Sekunde an.

Mit einem kurzen „Entschuldigung, aber das brauche ich noch!", nahm ihm Kimeswenger das Buch wieder weg und drückte es neuerlich dem Heiligen Vater in die Hand. Des Sekretärs Miene erstarrte. „Das gehört sich nicht!“ Und die der päpstlichen Leibgarde auch, denn der „Krone“-Redakteur holte doch glatt eine kleine Kamera aus der Hosentasche und wollte abdrücken. Okay, das strenge Protokoll sah so etwas vielleicht nicht vor, es war aber doch ein Mittelweg zwischen Vorgaben und Vorhaben.

Aber da war wieder dieses „Nix da, kein Foto!“ Die Felle schwammen davon …

Also kein Bild, keine Dokumentation des Papstes mit dem „Krone“-Buch. Warum dann doch ein Bilddokument existiert, das es sogar auf die Seite 1 der „Krone“ geschafft hat?

Weil das „Nix da, kein Foto!“ für alle galt, nur nicht für die geschäftstüchtigen Vatikan-Fotografen. Kaum war die Audienz vorbei, konnte man die Bilder von der Audienz und der Begegnung mit dem Papst beim „Osservatore romano“ kaufen.

Um ja wirklich fast geschenkte 75 Euro …

MISSVERSTÄNDNIS

„Auslandseinsätze“ – das sind für uns Kärntner auch Recherchen in anderen Bundesländern. So zog es ein kleines Team der „Kärntner Krone“ einmal auch nach Vorarlberg, weil dort im Ländle ein Kärntner extrem negativ aufgefallen war – ein Räuber der Extraklasse. Ein kleines Flugzeug brachte uns und zwei Kärntner Kriminalbeamte dorthin; mit einem ganz besonders witzigen Piloten am Steuer, der vorgab, die Autobahn bei Dornbirn als Landebahn benutzen zu wollen, um dann doch noch abzudrehen und so weiter … In den frühen Morgenstunden des nächsten Tages – wir hatten der örtlichen Journalistenkonkurrenz erfolgreich getrotzt und den Erfolg ein bisschen gefeiert, ging's Richtung Hotel. Ich hatte zwei Zimmer gebucht – ein Zweibett-Zimmer für einen Kollegen und mich und ein zweites für unsere Fotografin. Morgens, oder war's noch Nacht?, läutete direkt neben meinem Kopf das Telefon. Ein Mann meldete sich, sichtlich verstört. „Wo ist die Uta?“, fragte er mich. „Die schläft noch“, gab ich zurück, sicher, dass dem so sei. Da hängte der unfreundliche Kerl einfach auf …

Nun, die Kollegin hatte in diesem Moment ihren Freund eingebüßt. Er hatte gewusst, in welchem Hotel wir wohnten, dort angerufen und war einfach mit dem erstbesten „Krone“-Zimmer verbunden worden …

Herbert Pirker

In die Lehre gegangen

Lehren kriegt man ja ständig. Dass sie meistens mit einer aufs Dach identisch sind, ist schade, aber die Merkfähigkeit wird dadurch enorm gesteigert.

Eine sei hier stellvertretend für viele angeführt, ich hab sie bekommen und dankbar verwertet.

Dass ich unter den Publizisten ein Spätberufener bin, mag manche stören, ich tröste mich mit historischen Beispielen darüber hinweg. Schriftsteller, Publizisten und Journalisten sind's sehr oft nicht von der Wiege an, Kollege Grillparzer hat auch Kanzleidienst hinter sich, ja nicht einmal Goethe war frei von äußerst büroähnlichem Kram, Tucholsky, Kafka & Co, ich greife sehr hoch, sind kongeniale Partner. Na, dachte ich also vor vielen Jahren, Werbeleiter im Bundesverlag war ich, so einen Publizistikpreis werd ich auch noch hinkriegen. Kunststück. Was ich vorher von den Autoren des Ingeborg-Bachmann-Preises so gehört hatte, war für meine Begriffe ja auch nicht eben das Gelbe vom Ei gewesen, und der in Klagenfurt dazumal anschließend zu erwerbende Publizistikpreis musste dagegen ja ein Lercherl sein.

Die erste Hürde nahm ich elegant, ja, der Teufel selber hatte dabei seine Hand im Spiel. Ohne mein Zutun fragte mich der damalige Burgenland-Intendant Andics, er war Bundesverlags-Autor und in diesem Jahr Jury-Mitglied, ob ich nicht an dieser Klagenfurter Veranstaltung teilnehmen möchte, ich schriebe doch schon viel für den ORF, wär's da nicht recht und billig, mich zu beteiligen?

Oh, ich tat's. Ich wurde also nominiert. Ahnungslos setzte ich mich hin, schrieb eine – meiner Meinung nach umwerfende – Geschichte, in der ich die damals laufende Sendung „Dalli dalli" auf die Schaufel nahm, und fuhr in die Kärntner Hauptstadt. Am Abend vor dem Auftritt hatte man sein Manuskript abzugeben. Die Ahnungslosigkeit wich einem Verdacht.

Alle Teilnehmer wirkten irgendwie informiert. Ich wirkte eher blöd. Allein wie sie untereinander redeten, wie sie mit diversen Mitgliedern der Jury, die ich allesamt nicht kannte, sprachen, wie sie die Veranstalter total als Bekannte behandelten – das weckte Misstrauen. Doch was sollte ich tun? Ein Greenhorn, tölpelte ich durch die Gänge, war mit niemandem per Du, mit keinem und keiner bekannt, wusste nichts von dem, was vorging und vorgehen würde, kannte keine Vorlieben der Juroren, gab meinen Aufsatz ab und ging ins Hotel, wo ich nicht sehr gut schlief. Ich ahnte Schlimmes, konnte aber nicht sagen, warum.

Dann stellte ich mich vorschriftsmäßig zur angegebenen Zeit im Studio ein, seltsamerweise waren die anderen alle längst da und der erste Kandidat begann zu lesen.

Ich fand's schrecklich. Und ich fasste wieder Mut. So gut war meine Story noch lang. Einer noch und dann würde ich drankommen.

Die zweite Geschichte war aus meiner Sicht um nichts besser als die erste. Es lag jedoch ein Hauch von Irrationalität um sie, auf deutsch: Man verstand sie eigentlich nicht, aber gerade das rief das Entzücken der sechs am Urteilstisch Sitzenden hervor und pflichtgemäß applaudierte auch das Publikum heftig. Noch etwas kam hinzu. Der Kandidat war Bayer. Ich mag die Bayern, sie haben was. Seit mir eine Münchner Ansichtskartenverkäuferin, die ich nach einem bestimmten Sujet gefragt hatte, das sie aber nicht führte, eine, wie man in Wien sagt, Goschn angehängt hatte, die sich gewaschen hatte, sodass ich mich vor Lachen nicht mehr halten hatte können, liebe ich sie geradezu. Ja, und der Kandidat vor mir war also ein Bajuware und er las sein Werk in reinstem Bayrisch vor. Da kann man nun drüber streiten, ob das gut oder schlecht sei, aber dass die Juroren darob beinahe in Ohnmacht fielen, und zwar aus Begeisterung, sah ich auch nicht ganz ein. Wurscht, ich kam dran.

Da lieferte ich ihn also nun auch verbal ab, meinen Beitrag über die Sendereihe „Dalli dalli“, zog darin auch ein bisserl über Herrn Rosenthal her, der stereotyp nach jeder halbwegs gelungenen Antwort „Das war Spitze“ rief und dabei in die Luft sprang, bemühte humorvoll, zumindest kam's mir so vor, den Verhaltensforscher Konrad Lorenz, verglich mit Kulenkampff und was es so an Originellem noch gab, und endete.

Die Jury gab sich, ich mach's kurz, mit einer Ausnahme ablehnend. Die Ausnahme war natürlich Herr Andics, schließlich musste er seinem Kandidaten die Stange halten, aber es nützte nichts, ich wurde in Grund und Boden verurteilt. Vernichtend.

Zu schildern, wie mir war, als ich, wieder auf meinem Zuschauerplatz sitzend, das Urteil hörte, gelingt mir nur schwer, ich versuch's also gar nicht. Die Redewendung, man würde am liebsten in den Erdboden versinken, trifft's nur halb. Dann kam der Nächste.

So mies, wie mir war, überlegte ich, ob ich hier denn überhaupt noch etwas verloren hätte. Und kam zu dem Schluss, nein, ich sei überflüssig. Ich nutzte also den nächsten Abgangsapplaus, in den ich hineinhörte und nach dem einer der Juroren lobte, wie reich an gekritzelten Ausbesserungen doch das soeben gelesene Manuskript sei, woraus man erkenne, welche Mühe sich der Autor gemacht hatte, um so unauffällig als möglich aufzustehen und die Flucht zu ergreifen. Meinen Beitrag hatte ich dreimal geschrieben, weil ich immer wieder kleine Fehler gefunden hatte. Vor dem Funkhaus war mir zwar etwas leichter, aber auf der Straße zum Hotel hatte ich den Eindruck, alle Passanten würden ausnahmslos höhnisch auf mich zeigen, auf den Gescheiterten, Ausgestoßenen, Verurteilten.

Soweit es meine zur Heiserkeit geschrumpfte Stimme erlaubte, sagte ich beim Empfang, ich müsse unvorhergesehenerweise sofort abreisen. Ich warf im Zimmer alle ausgepackten Habseligkeiten in den Koffer, schaute, das Hotel war vom ORF bezahlt worden, beim Verlassen des Hauses nicht nach rechts und nicht nach links und schlich zum nächsten Taxistandplatz.

Die Heimreise, die ich mir triumphal gedacht hatte, verlief unter zusehends heftiger werdenden Depressionen, im Grund war es ein Wunder, dass die Welt noch bestand, für mich hatte sie jedenfalls jeglichen Sinn verloren.

Dann, nach Wochen, als ich die ganz leise wieder erstehende Kraft fühlte, über die Katastrophe zu sprechen, erzählte ich die Sache dem Chefredakteur des „Wiener Journals“, einer von Jörg Mauthe gegründeten Monatsschrift, die es heute leider nur mehr dem Namen nach als Beilage zur „Wiener Zeitung“ gibt und die mit dem Ursprungsgedanken des Blattes nichts mehr zu tun hat. Der hörte sich alles an und gratulierte mir. Wirklich, das tat er. Und ich nehme es vorweg, ich musste ihm wenige Monate nach dem Erlebten Recht geben.

Sechs Semester Germanistik, vier Jahre Schreiben für diverse Medien, zwei verfasste Bücher, all das, so sagte er, habe ich mir mit dem Auftritt erspart.

Lehren sonder Zahl seien da geballt auf mich zugekommen, freilich solcherart nur schwer zu verkraften, doch nach und nach zu verdauen und zu befolgen. Was, meinte er, schriebe man denn, für wen schriebe man denn, mit welcher Disziplin und Vorsicht schriebe man denn, wann und wo schriebe man denn, warum schriebe man denn, zu welchem Behufe schriebe man denn und wer in aller Welt hätte das Glück, diese Lektionen so profund und einleuchtend geliefert zu bekommen wie ich.

Ja, das alles seien dumme Details, das mit dem Münchner Dialekt, das mit dem Irrationalen, das eigentlich so gar nicht hätte sein dürfen, das mit dem ganz subjektiven Geschmack der Jury, das mit dem Lob der sichtbaren Korrekturen, alles vordergründiges Zeug. Der wahre Gewinn für mich liege aber im Erkennen der Bedingungen, und dass ich schreiben könne, wüssten sie ja alle längst, in Ö1 wüssten sie's und im Studio Wien und im Studio Niederösterreich und im „Wiener Journal" schließlich auch, und jetzt sei ich eben, Tamino und Pamina gleich, durchs Feuer und durchs Wasser gegangen, erschüttert zwar, aber gereinigt erstanden und ein Wissender.

So seh ich's heute. Lehren blieben auch nachher nicht aus, ich habe sie allesamt aufgegriffen, es waren auch nicht nur Lehren, sondern mitunter recht tief fliegende Hackln, denen auszuweichen nicht immer gelang, aber wer kennt das nicht, die ohne persönlichen Gewinn

Haxl-Stellenden sind halt unter uns. Und Lehren sind's eigentlich ja auch, nämlich zur größeren Vorsicht und wie man sich vor den dahersausenden Beilen eventuell, immer geht's nicht, schützt.

Wenn schon nicht weise geworden, so doch ein bisserl gscheiter, geh ich daher seither ans Schreiben. Ich weiß schon, alles ist relativ.

Nihil nisi bene

Begonnen hat's mit meinem ersten Buch, das dem Kurt Falk so gefiel. Er rief mich an und fragte mich, ob ich in seiner „Ganzen Woche" auf der Wien-Seite regelmäßig ein Gedicht schreiben wolle.

Ich wollte. Dann gründete er „täglich Alles" und er fragte mich, damals noch in der Absicht, die „Kronen Zeitung" mit all ihren Facetten zu unterwandern, ob ich Bezirksgerichtsgeschichten schreiben wolle.

Da wurde ich unsicher und rannte zu meinem Freund Hans Weigel. In dem Blattl sollte ich Beiträge veröffentlichen? Weigel redete mir zu, ich möge es tun, Bezirksgerichtsgeschichten seien seinerseits von ihm in die „Krone" gebracht worden, der Günther Fritsch habe sie aus dem Häfen heraus verfasst und es seien durchwegs literarische Werke.

Also wollte ich. Im Lauf der Zeiten vertrat ich dann fallweise die Christine Nöstlinger mit ihrem „Alles in Butter" auf Seite 1, sprang jede Woche einmal und auch in seinem Urlaub als Fernsehkritiker für den Michael Prack ein, kam eine Zeitlang auch als Poldi Huber zu Wort und Ehren und prangte als „hepi", denn so viel ausgeschriebenen Pirker vertrug das Blatt nicht, auf

Seite 2 mit einem täglichen Achtzeiler – flexibel durfte ich, was die Länge betraf, nicht sein, denn die Seite war streng eingeteilt, ober mir die Freda Meissner-Blau, neben mir der als Falk-Staberl fungierende „Fenstergucker“ Gerd Leitgeb.

Dementsprechend war ich ja doch öfters in der „Arche“ in Floridsdorf anzutreffen, um mit dem Boss zu sprechen, der immer wieder neue Ideen hatte, sie verwarf und einigermaßen mühsam war.

Zwei Ereignisse sind mir von damals besonders gut in Erinnerung. Das erste fand ziemlich am Anfang der „täglich-Alles“-Existenz statt. Es war Advent und die Mannschaft um Kurt Falk war noch nicht besonders gut eingespielt. Also kam es vor, dass an manchen Tagen das Billigblatt mit weißen Doppelseiten oder aber mit doppelt bedruckten Seiten erschien, Kinderkrankheiten zwar, aber ärgerlich und für den jähzornigen Chef nicht eben ermunternd. Als wieder einmal ein Artikel erschien, der irgendwo im luftleeren Raum unvollendet im Blatt stand, war ein Rundschreiben die Folge, das umgehend auf allen Schreibtischen der Redaktion landete. Sinngemäß stand da drin, dass er, der Herausgeber, auf die Existenz der Tageszeitung schließlich nicht angewiesen sei, er habe genug Geld, ja er hätte sogar mehr, müsse er nicht darauf aus sein, aus den roten Zahlen herauszukommen. Wohl aber seien die geschätzten Mitarbeiter auf ihren Verdienst bei ihm angewiesen, den aber würden sie in Kürze verlieren, wenn nicht sofort diese albernen Fehler aufhörten. Und „in Kürze“ hieße übrigens, das könne durchaus noch vor dem Heiligen Abend sein, dann gebe es eben kein „täglich Alles“ mehr, basta.

Die Aufregung in der Arche war entsprechend groß. Arbeitslos noch vor den Feiertagen? Entsetzen machte sich breit.

Allerdings schien die Drohung Wirkung zu zeigen, unbedruckte Seiten blieben aus, die Tageszeitungs-Crew schien sich eingearbeitet zu haben. Das dürfte auch der Anlass dafür gewesen sein, dass Falk seinen allzu forschen Ausritt bereute. Jedenfalls wurde ich, wieder einmal mit einem Termin im Redaktionsgebäude bedacht, Zeuge, wie Kurt Falk an einem Christbaumstand einen Tannenast erwarb, ihn ins Haus schleppte und sich zunächst U-Hakerln und einen Hammer organisierte. Derart bewaffnet zog er nun von Zimmer zu Zimmer, brach jeweils ein Asterl vom großen Nadelbaumast ab, nagelte es an die Wand und heftete ein vervielfältigtes, handgeschriebenes Zetterl dazu, auf dem schlicht und einfach zu lesen war: „Fröhliche Weihnachten wünscht Ihnen und Ihrer Familie Kurt Falk."

Es blieb allerdings dabei, dass der Mann, wenn er plötzlich einen Raum in der Redaktion oder in der Herstellung betrat, postwendend Angst und Schrecken verbreitete. In ewiger Erinnerung wird mir bleiben, dass er mir, dem Bezirksgerichts-Autor, nach Erscheinen meines Bezirksgerichts-Buches anbot, unterhalb jedes Bezirksgerichts in der Zeitung eine gut sichtbare Werbenotiz für mein Buch anzubringen. Zu diesem Zweck begab er sich mit mir zu den Herstellern, die allesamt bei seinem Kommen leichenblass wurden, und er bat eine Mitarbeiterin, im Computer eine Musterseite aufzuschlagen. Zitternd gelang es dem armen Mäderl und jetzt schlug er Format und Text des darunter zu setzenden Werbekästchens vor. Mit dem Format war ich einverstanden, der Text gefiel mir nicht und ich sagte das auch. Diesen „Mut", Falk zu widersprechen, quittierten die im Raum befindlichen Angestellten mit sichtbarem Entsetzen und erwarteten offenbar einen Wutausbruch ihres Chefs, der aber nicht eintrat. Vielmehr setzte er sich nun selber an den Bildschirm und tippte brav meinen Textvorschlag ein.

Unmittelbar darauf aber kam es zu folgendem Auftritt. Wir gingen gemeinsam zu seinem Zimmer, wo im Vorraum bereits zwei ungeduldige Redakteurinnen warteten. Sie hatten Auftrag bekommen, zu zwei Pressekonferenzen zu gehen und sofort anschließend, da würde Falk nicht mehr im Haus sein, je einen Beitrag zu verfassen. Also wollten sie, jede für sich und ihr Gebiet, Anweisungen vom Chef erbitten, in welchem Sinn sie über das Gehörte berichten sollten, ihre Abfahrtszeit war längst überschritten, sie fürchteten, zu spät zu kommen, und baten daher um dringende Information. Die Chefsekretärin, die übrigens pikanterweise in Personalunion auch den Posten der Betriebsratsvorsitzenden bekleidete, war gerade auf der Toilette und der eintretende Boss hatte großen Appetit auf einen Kaffee. Also wies er die Redakteurin A an, ihm einen zuzubereiten. Herr Falk, sagte die, Frau S. kommt eh gleich vom Klo, ich muss weg und wollte nur ... Weiter kam sie nicht. Sie sind entlassen, schrie Falk. Und er wendete sich zur Redakteurin B. Machen Sie mir einen Kaffee. Da glimmte ein Funke von Unbelehrbarkeit auf und auch die betonte ihre Eile und dass die Frau S. ja gleich da sein werde. Sie sind ebenfalls entlassen, rief Falk wütend. Begossenen Pudeln ähnlich verließen die zwei Damen den Raum, die Sekretärin erschien, Kaffee wurde gemacht, auch ich bekam einen und einigermaßen betroffen verließ ich den Ort des Schreckens. Vorher erzählte mir Kurt Falk noch, als ob nichts geschehen wäre, angesichts eines Haufens ungeöffneter Briefe, dass es für ihn nicht in Frage käme, sich von seiner Sekretärin die Post aufmachen zu lassen, da sei Gott und sein Misstrauen vor, wer wisse denn, was sie ihm nach ihrem Gutdünken so alles unterschlagen würde, nein, nein, sie sei ja ungemein tüchtig, aber bevormunden lasse er sich nicht. Und ob ich denn nicht so was wie einen Eipeldauer, den Vetter aus Kagran, schreiben wolle, sein Vetter aber sollte ein Kärntner Bauer sein, der regelmäßig die Parlamentssitzungen besuche und dann naiv und im Kärntner Dialekt seine Eindrücke nach Hause schriebe.

Ich wollte, kaufte mir auch gleich ein Kärntner Mundartbuch, hörte aber dann nichts mehr von der guten Idee. Seither weiß ich jedoch, dass „a wantsche Dudl" in Kärnten so was wie bei uns „a dulli gschdödes Madl" ist. Immerhin.

Wie ich übrigens einige Tage später erfuhr, erschienen die zwei Entlassenen am nächsten Tag ja doch wieder in der Redaktion. Auch sie taten, als ob nichts geschehen wäre, und so war denn wieder alles in Ordnung.

Was will der Mensch mehr.

„Neues Österreich“

Es war die Zeit, als „entspannen“ noch rückbezüglich war und „Schifffahrt“ mit lediglich zwei „f“ geschrieben wurde. Auch sagte man noch größtenteils „Sie“ zueinander, na ja, damals halt.

Aber ich wusste schon damals, wo ein Wille ist, da ist er nicht lang, also machte ich mich rasch auf den Weg in die Wiener Seidengasse. Vorher hatte ich freilich angerufen, jetzt stand ich da vor einem Haus mit einem Türtaferl, auf dem zu lesen war „Neues Österreich“. Neues, wohlgemerkt, das hatte dazumal Sinn. Und ich hatte einen Termin beim Chefredakteur. Der hieß nicht Fellner, sondern Rudolf Kalmar, und auch das hatte Sinn. Ein Halbgott für mich, die Knie schlotterten, aber alles da war so schlicht, wozu also zitterte ich, also hörte ich auf damit.

Außerdem dachte ich, es wird mich, wenn's hoch geht, eh nur ein Stellvertreter empfangen oder, was eher wahrscheinlich war, eine Sekretärin, bedaure, Chef keine Zeit, aber was kann ich für Sie tun und so. Vielleicht wird sie sich ein bisserl aufspielen, manche Chefsekretärinnen machen das, ich nahm mir vor, mich nicht beeindrucken zu lassen.

Ich meldete mich an, zwei Minuten später stand ich in Kalmars Zimmer, wurde von ihm höflich zum Besprechungstischchen gebeten und war nun ja doch einigermaßen befangen. Ein Bürscherl wie ich saß also nun vor diesem Großen, es war unglaublich, und er hörte mich an.

Aha, ich wolle also schreiben. Für seine Zeitung. Und ich wolle also gleichzeitig Zeitungswissenschaft studieren, aha, an der Uni. Nebenfach Musikwissenschaft, sehr interessant.

Also, sagte er, das bleibe mir natürlich alles unbenommen. Aber beeindrucken würde es ihn nicht, wenn ich dann nach vier Jahren mit dem Doktor der Philosophie daherkommen würde. Wolle ich im „Neuen Österreich“ arbeiten, dann seien hier andere Kenntnisse erwünscht.

Welche?, erkundigte ich mich zaghaft.

Ganz simpel. Ich müsse einfach alle Abteilungen, von der Druckerei über die Auslieferung bis zur Redaktion, durchlaufen, als Lehrbub gewissermaßen und auch wenn ich mit dem Doktorat antanze, das sei völlig egal. Dann hätte ich die Grundlage für eine eventuelle Mitarbeit.

Ich hatte zu diesem Zeitpunkt schon zwei Semester hinter mir, dazumal praxisfern wie nur, und eigentlich leuchtete mir der Standpunkt ein. Dass ich hic et nunc also keinen Auftrag bekommen würde, war mir klar. So viel übrigens nebenbei, als ich kurz drauf sehr und sehr lang krank wurde und dadurch keine Rede mehr von einem Studium war, geriet mir die Kalmar'sche Aussage sehr zum Trost fürs entgangene Studentenleben.

Das aber wusste ich jetzt noch nicht, also wollte ich aufstehen und gehen. Danke, sagte ich, ich überlege mir das.

Aber Sie wollten doch was schreiben?, sagte Kalmar. Tun Sie's doch. Ich gebe Ihnen einen Auftrag.

Träumte ich? Ich sollte wirklich für dieses „Neue Österreich“ schreiben? Ich versank ein wenig in den Polstern der Besprechungsgarnitur.

Also, sagte Kalmar. Jetzt läuft grad eine Diskussion über die Frage, ob in den Wiener Gemeindebauten

Haustiere gehalten werden dürfen oder nicht. Katzen also und Hunde vor allem. Wellensittiche, Kanari. Machen Sie mir eine Reportage. Drei Manuskriptseiten. Sagen wir, bis in einer Woche.

Mir verschlug's alles, was es einem verschlagen kann, mir war sehr nach Händeküssen oder so, ich hielt mich aber zurück, stand beseligt auf und sagte jetzt ein weitaus überzeugteres Danke als vorhin. Kurz, ich wollte mich verabschieden und hatte schon die Türklinke in der Hand.

Halt, sagte da Kalmar, Sie haben was vergessen.

Oh. War ich mit Schirm gekommen? Hatte ich meinen Notizblock liegen gelassen? Ich war verlegen.

Na, können Sie sich's nicht denken?, fragte Kalmar.

Nein. Konnte ich nicht. Bitte was?

Da kam's.

Sie haben mich zu fragen vergessen, wie denn unsere Zeitung zu dieser Frage steht.

Ja, natürlich, log ich verwirrt. Habe ich vergessen. Wie also steht sie dazu?

Ich war so beschämt, es war furchtbar. Auf die Idee, so was zu fragen, wäre ich nie gekommen.

Dann erfuhr ich also noch, dass das „Neue Österreich" für die Haustierhaltung war, aber selbstverständlich war das freilich nicht.

Die Lektion war gegeben. Gemerkt hab ich sie mir bis heute.

Danke schön, Herr Kalmar.

Walther Prüller

Weingartner rein – Passagiere raus

Besuch mit Tirols Landeshauptmann Wendelin Weingartner beim traditionellen Tiroler-Fest in Eupen (Belgien). Aus dem Ötztal heran gekarrte Kunstschneepiste. Am Abend treten Tiroler Musikanten auf, ein Riesen-Volksfest, danach im Hotel noch ein Glaserl Wein mit Hansi Hinterseer. Am nächsten Morgen Frühschoppen. Dann Abfahrt nach Düsseldorf, um das Flugzeug nach Wien pünktlich zu erreichen. Pech gehabt: Unfall auf der Autobahn, Stau. Keine Chance, Düsseldorf pünktlich zu erreichen. Der Chauffeur wird umdirigiert, weiter nach Köln, da gibt's eine Verbindung nach Frankfurt, dort könnten wir mit der Tyrolean direkt (und nicht mit dem Umweg über Wien) nach Innsbruck fliegen. Könnte sich ausgehen. Wir sitzen im Flugzeug, knapp wird's! Weingartner bittet den Piloten, nach Frankfurt zu funken, ob die Tyrolean ausnahmsweise auf den Tiroler Landeshauptmann warten würde. Sie tut es. Ein Auto fährt uns von der Lufthansa-Maschine direkt zur Tyrolean aufs Rollfeld. Ehe wir einsteigen, müssen zwei Passagiere, die standby-Plätze hatten, wieder aussteigen. Sie taten mir leid.

Karl Scherleithner

Die braunen Lederhandschuhe

An einem kalten Märzsonntag in den achtziger Jahren kam mein Freund Werner K. auf Besuch. Er kam mit seiner Freundin und mit braunen, schweinsledernen Handschuhen, in denen er seine sensiblen Künstlerhände vor der Kälte schützte. Werner war freischaffender Grafiker und zeichnete u.a. für die „Krone" den täglichen Columbus-Streifen.

Der Abend kam, Werner ging – und die Handschuhe blieben …

Die Temperaturen der folgenden Monate gaben keinen Anlass Handschuhe zu tragen, sodass mich erst Anfang Dezember folgender Anruf erreichte: „Kann es sein, dass ich meine braunen Lederhandschuhe bei dir vergessen habe¿" Tatsächlich, sie lagen noch immer auf dem obersten Brett meiner Vorzimmergarderobe. Trotz heftigster Urgenzen seinerseits und ehrlichster Versprechungen meinerseits – es ist mir einfach nicht gelungen diese schweinsledernen Handschuhe mit in die „Krone" zu nehmen.

Letzter Arbeitstag vor Weihnachten. Werner kommt in mein Büro.

„Hast du die …"
„Oh Gott, wie peinlich, ich verspre…"
„OK. Du hast es nicht anders gewollt!"

Am Christtag erschien der Columbus-Streifen in der „Krone“ mit einem Aufruf „in eigener Sache“: „Herr Karl Scherleithner soll mir endlich meine braunen Lederhandschuhe zurückgeben!“

Einen Tag später beschwerte sich mein gleichnamiger Cousin aufs Heftigste in der Chefredaktion. Begreiflich, stand er doch am Beginn einer hoffnungsvollen Bankerlaufbahn und konnte alles andere brauchen, als in der „Krone“ öffentlich als säumiger Schuldner angeprangert zu werden …

Letztlich hat's der Karriere meines Cousins nicht geschadet und auch Werner hat seine Handschuhe bekommen. Rechtzeitig vor den Eisheiligen.

Andrea Thomas

Schwindelfreie Orti

Jahre ist es her, doch die Erinnerung so frisch, als wäre es erst gestern gewesen. Büro Dichand, sozusagen der „Vorhof der Macht“. Geschäftiges Treiben wie in einem Taubenschlag. Hans Dichand, Herausgeber und Hauptgeschäftsführer der „Kronen Zeitung“, damals auch noch Chefredakteur, und das Tagesgeschehen halten uns Sekretärinnen ziemlich auf Trab. Der Chef hat soeben das Haus verlassen, um einen Mittagstermin wahrzunehmen, und wir finden endlich Zeit zum Durchatmen. Frau Orthaker, über vierzig Jahre die Sekretärin von Hans Dichand, seit einigen Jahren in der wohlverdienten Pension, hilft immer noch aus, wenn Not am Mann ist. Orti, wie der Chef sie nennt, hat sich gerade zum Arbeiten in unser Archiv zurückgezogen.

Plötzlich klopft es. Nein, nicht an der Tür, sondern am Fenster! Ungläubig schauen Verena (Martin) und ich uns an. Das gibt es doch nicht! Aber tatsächlich steht Orti draußen am Fensterbrett und verlangt heftig Einlass. Hinter dem großen Kaktus im Chefzimmer erscheint uns Orti wie eine Fata Morgana. Ein zweiter Blick, um sich zu vergewissern, dass wir richtig sehen. Wir befinden uns schließlich im 16. Stockwerk(!) des Pressehauses, das Fensterbrett misst gerade mal sechzig Zentimeter – ein falscher Tritt und es ist aus …

Schnell helfen wir Orti herein. Warum sie draußen in schwindelnder Höhe das Pressehaus fast umrundet hat? Ganz ruhig erklärt uns Orti, dass die Tür zum Archiv zugefallen sei, und sie hätte ein ganz dringendes Bedürfnis …

Kommentar vom Chef, als er am Nachmittag wieder in die Redaktion kommt: „Orti, kannst du das noch einmal machen, damit ich es auch glaube!“

Leserbriefe

Ich lese seit vielen Jahren mit Genuss die „Kronen Zeitung", doch seit einiger Zeit habe ich ein Problem mit meiner Frühstückslektüre:

Zwischen Seite 3 und Seite 7 beginnen Niesanfälle und meine Nase schwillt zu. Da ich davon ausgehe, dass ich nicht auf die Berichte allergisch reagiere, nehme ich an, dass die Rezeptur der Druckerschwärze oder irgendeine Zutat zur Herstellung der Zeitung verändert wurde.

Ich ersuche Sie höflichst, dies zu überprüfen, da ich ungern meine Zeitung mit Mundschutz lesen würde.

Ich bedanke mich im Voraus.

Leserbriefe

Und wieder ist meiner „Kronen Zeitung" ein „großer Wurf" gelungen: noch in keinem anderen Blatt ist mir diese Sensationsmeldung zur Kenntnis gebracht worden:

Es ist also wirklich wahr und subventioniert auch noch!

Unserem schönen Wien wird es also gegönnt sein, der Welt allererstes PFERDEBOXEN zu erleben! – Etwas in Unklarem befinde ich mich dahingehend, ob die Pferde mit oder ohne Boxhandschuhe, Kopf- und Nierenschutz kämpfen werden?

Erich Vorrath

Recherche unter Wasser

Was tut ein Journalist nicht alles, um die Leser aus erster Hand zu informieren, ihnen einen anschaulichen Bericht zu liefern. Ich ließ mich sogar in den einst berüchtigten Stromschnellen des St. Lorenz im kanadischen Montreal „versenken". Freilich nicht für immer – die Tage, als so manches Schiff unterging, sind vorbei. Untergegangen bin ich allerdings auch – glücklicherweise nur für Augenblicke. Aber das reicht einer Landratte wie mir schon.

Die Kanadier bieten abenteuerliche Fahrten mit dem Schiff durch die Stromschnellen an. Das würde einen Reisebericht über das Land bestimmt aufpeppen, dachte ich. Und schon wechselte ich im Hafen von Montreal meine Garderobe mit einem Gummianzug, darüber ein wasserdichter Mantel. Als ich dann jedoch meine Brillen, meine Uhr und die Tasche abgeben musste, wurde mir ein wenig mulmig in der Magengrube. Was kam da auf mich zu?

Und dann ging's los. Wir saßen im Schiff auf Bänken, doch der Kapitän und Steuermann „amtierte" auf einem kleinen Turm. Warum das so war, erfuhren wir bald: Der gute Mann manövrierte unser Boot mitten durch die Stromschnellen. Das Wasser schlug über uns zusammen – und wer vor Staunen seinen Mund offen hatte, der trank unfreiwillig ein paar Schluck des ziemlich kalten St. Lorenz. Gleich darauf reichte uns im Schiff das Wasser bis zum Hals – und das war wörtlich zu nehmen. Und der Kapitän sah uns von seinem hohen – und trockenen – Arbeitsplatz aus zu.

Eineinhalb Stunden dauerte die wilde Reise – und dann stellte ich fest, dass ich trotz der Gummikleidung nass bis auf die Haut war. Doch ich konnte unseren Lesern hautnah schildern, was sie dort erwartet. Beim Schreiben musste ich übrigens oft zum Taschentuch greifen …

Marianne Waldhauser

„Sokrates vulgo Sokl"

Die „Kronen Zeitung" hatte schon immer ein Herz für Tiere. Redaktionshunde sind gern gesehene Mitglieder der Mannschaft. Die Sekretärin in der Wirtschaftsredaktion hatte ein ganz besonders kluges Exemplar. Sokrates, kurz „Sokl" genannt, ein undefinierbarer Mischling, war nicht nur ein exzellenter Ballspieler und konnte viele Kunststücke, er befolgte auch die ihm beigebrachten Kommandos aufs Wort. Ein ganz besonderes war: „Schau Sokl, ein Pülcher!" Worauf er sich, rein optisch, in eine reißende Bestie verwandelte und sich knurrend in Position warf. Dieses „geheime" Kommando war natürlich allen bekannt und wurde reichlich für Späße zweckentfremdet. Ein ehemaliger Redakteur der Wirtschaftsredaktion, immer in dunkelblaues Tuch gekleidet, immer äußerst elegant und gepflegt unterwegs, war eines Tages Opfer dieses geheimen Kommandos. Ahnungslos betrat er die Redaktionsräume, als im letzen Zimmer ein lautes: „Sokl, schau ein Pülcher!", erklang und Sokrates sich, ungeachtet der vornehmen Erscheinung in Positur warf, ihn an den Hosenbeinen schnappte und „totbeißen" wollte. Ein lautes, wütendes Gebrüll war die Reaktion des Geschundenen, dem aber, bis auf eine zerfetzte Hose, nichts geschah, zumal Sokrates sich sofort nach dem Befehl: „Schluss, Sokl", wieder in einen Riesenschoßhund verwandelte. Der betroffene Redakteur machte aber trotzdem seit diesem Tag einen Riesenbogen um ihn und war lange Zeit (er war ziemlich nachtragend) auf seine Kollegen stinksauer.

Die geheimnisvolle Opernsängerin

Vielleicht hat der Mond doch mehr Einfluss auf unser Leben, als man annehmen möge. Vollmond macht doch einige Leute auffallend lästiger und aggressiver. Das merkt man an der Häufung von Anrufen von Lesern unserer Zeitung. Allgemeine Beschwerden, wohlgemeinte Ratschläge etc. nimmt man ja in Kauf, aber wenn sich manche in der Artikulation ihrer Wünsche in „Wirbel" hineinreden, denen man nicht mehr folgen kann, dann steht man an. So einen Anruf hatte ich eines Tages: „Guten Tag, mein Name ist … Ich bin die Managerin der Opersängerin …, warum schreiben Sie über sie nichts in Ihrem Blatt?" Nach einigem Nachfragen brachte ich heraus, dass die erwähnte Sängerin, deren Name mir nichts sagte, noch in der Ausbildung war, noch nie ein Engagement hatte. Auf meine Frage, was man über diese Dame denn schreiben solle, bekam ich die Antwort: Das müsst ihr ja wissen. Meinen Einwand, dass sie ja noch nirgendwo aufgetreten war, weder in der Oper noch in einem Konzert, ließ man nicht gelten und man klärte mich auf: Das wird schon kommen, sie wird ihren Weg schon machen, ihre herausragende Begabung sei so offensichtlich, dass ich mir um sie keine Sorgen machen müsse. Das Gespräch zog sich nun schon über einige Minuten und als ich ihr höflich den Rat gab, sich noch einmal zu melden, sobald dieses Multitalent ihr erstes Engagement angetreten haben würde, bekam ich von der bis dahin sehr vornehm wirkenden Dame den wohlgemeinten Rat: „Dann lecken Sie mich am A."

Ich habe ihren Rat nicht befolgt, für mich war das Gespräch beendet. Bis heute haben wir weder von der Sängerin noch von der Managerin wieder etwas gehört.

Ein grosses Missverständnis

Unsere hoch verehrte Kollegin Edith Klinger, allen Tierfreunden heute noch bestens im Gedächtnis, kam eines Tages in die Fotoredaktion, um wieder einmal eines ihrer herrenlosen Tiere fotografieren zu lassen. Sie platzte in die Runde der anwesenden Fotografen, die in einer Herrenrunde beisammen saßen und auf Aufträge warteten. Ein wenig hektisch, wie sie nun einmal war, rief sie der versammelten Mannschaft gleich von der Tür aus zu: „Kann einer von euch meine ‚Muschi' fotografieren?" Zunächst betretenes Schweigen, dann hemmungsloses Gelächter. Edith schaute verdutzt in die Runde, im ersten Moment verstand sie diese Reaktion auf ihre, aus ihrer Sicht, rein berufliche Frage nicht. Bis sie schließlich die Zweideutigkeit ihres Ansinnens begriff. „Ihr dummen, dummen Buben!", rief sie empört aus, drehte sich auf dem Absatz um und verließ erbost das Zimmer. Die „Muschi", eine kleine Miezekatze, wurde später selbstverständlich liebevoll fotografiert.

Der Schnorrer im Taxi

Jedes Jahr um die Weihnachtszeit wurde die Sportredaktion von einem besonders wunderlichen alten Herrn besucht, einem Bewohner des Männerheimes in der Meldemanngasse, der es als Tradition empfand, alljährlich um dieselbe Zeit barsch beim Portier seine Anwesenheit zu melden. Wie er es gewohnt war, wurde er in der Redaktion empfangen, bekam immer einen ansehnlichen Geldbetrag, einen Karton mit Wein und eine Plauderviertelstunde mit dem Ressortleiter, in der er diesen ausführlich über seine Gesundheits- und vor allem Geldprobleme informierte.

Kurz gesagt: Die Plauderviertelstunde wurde dem Ressortleiter dann doch zu lästig und man einigte sich, den alten Herren beim Portier „abzufangen". Dann war es wieder so weit: Kurz vor Weihnachten stand er in der Halle, der Portier rief hinauf und kündigte seine Anwesenheit an. In der Redaktion herrschte einige Hektik, aktuelle Produktion, der Ressortleiter hatte gerade nicht genug Geld eingesteckt und musste sich eines borgen und geeignete Getränke waren auch nicht sofort aufzutreiben. Mit einem Wort: Unser alter Herr musste warten: Unwirsch forderte er den Portier auf, ihm einen Sessel zu geben, da er „offene Beine" hätte und ihm das Stehen schwer fiele. Als er nach etwa zehn Minuten noch immer nicht abgeholt wurde, um in die Redaktion geführt zu werden, schnaubte er wutentbrannt: „Was stellt's ihr euch vor, wie lange soll ich noch warten, mein Taxi wartet vor der Tür!!!" Es war das letzte Mal, dass wir ihn gesehen haben. Der Geschenkkarton Wein wurde damals auf eine Flasche, der Geldbetrag auf die

Hälfte reduziert. Zu wenig, um weiterhin mit dem Taxi ins Pressehaus schnorren zu fahren.

Dank

Wir haben uns vorgenommen, vor Weihnachten unser Anekdoten- und Geschichten-Buch auf den Markt zu bringen, und wir haben es geschafft!

Professionell und schnell haben die Kollegen reagiert, als es galt, die Idee in die Tat umzusetzen. Und was daraus geworden ist, kann sich sehen lassen. Eine Mischung aus komischen Geschichten, Anekdoten aus vergangenen Jahren, miterlebt oder mitgehört, skurrilen und freiwilligen oder besser unfreiwilligen Hoppalas.

Mein Dank gehört allen Kollegen, die sich Zeit genommen haben, in ihrem reichen Gedankenschatz nachzuforschen und ihre Geschichten zu Papier zu bringen, und die damit dazu beigetragen haben, dass ein doch recht ansehnliches Buch daraus geworden ist.

Marianne Waldhauser

Register

Autoren